コロナ禍3年 聴き続けた1万5000の声

——電話相談から始まる、未来を創る運動

小久保哲郎／猪股正
コロナ災害 なんでも電話相談会実行委員会 編

明石書店

はじめに

そのとき、街からは人の姿が消えていた。

直前に出された「緊急事態宣言」で社会の動きがすべて止まり、まるで時間まで止まってしまったようだった。しかし、人々の暮らしがある以上、そんなはずはないだろう。この状況下で苦しい思いをしている人々の声を何とか受け止めたい。そのような思いから、私たちは、2020年4月18・19日の2日間、「コロナ災害を乗り越える　いのちと暮らしを守る　なんでも電話相談会」を開催した。

2日間でとった電話の数は5009件。総コール数は42万件で、話ができたのはわずか1・6%。どの会場でも受話器をおけば鳴る状態が、朝10時から夜10時まで続いた。これまで数限りなく電話相談をしてきたが、こんなことは初めてだと相談員が皆口をそろえた。初回はフリーランスや自営業者の方を中心にあらゆる職業の人たちからの相談が殺到した。表面的には静まり返った街の裏側で、行き場なくひしめいている悲痛なうめき声のシャワーを浴びたようだった。これは大変なことになる。知ってしまった以上、やめるわけにはいかない。それ以来、2か月に1回、定期的に電話相談会を開催することになった。そして、2022年12月までの足かけ3年、17回にわたり合計1万5125件の悲痛な叫びを聴きつづけた。本書は、その記録である。

第1部では、どのようにして電話相談会に取り組んできたのか（第1章）、3年間の社会のできごとと相談概要の推移（第2章）を振り返った。第2部では、労働分野（第3章）、生活と住宅保障の分野（第4章）、女性・シングルマザーの分野（第5章）にわけて、相談内容から浮かびあがった日本社会の課題、国の支援策とその問題点をふまえ、あるべき政策についての提言を行った。第3部では、専門的な見地から相談内容の分析を行っている。7895の相談票のデータ分析から、既存の研究ではあまり着目されてこなかった「成人の子どもがいる世帯」の苦境が明らかとなる（第6章）。第4部では、この相談会を支えてきた仕組みについて述べている。この相談会は、どこかの組織や団体が上位下達で行ったものではない。有志の弁護士、司法書士の呼びかけに応じた、社会福祉士、医療ソーシャルワーカー、労働組合や支援団体のスタッフなどさまざまな立場の人が、まさしく手弁当でとりくんだ。フリーダイヤルの電話料金を中心として1000万円を超える経費を要したが、これもすべて個人・団体からの寄付だけでまかなわれた（第8章）。困っている人の力になりたい、見て見ぬふりはできないという善意の人がこんなにたくさんいる。そのこと自体が救いであり希望だ。3年間とりくみを続ける中で、各地域でのつながり、そして、全国のつながりは確実に強くなった（第9章）。

新型コロナウイルス感染症の感染拡大（本書では「コロナ禍」という）は、地震や豪雨被害のような物理的被害はないが、真綿で首を絞めるような〝災害〟だった。真っ先に被害を受けたのは、非正規雇用労働者、低年金の高齢者、女性・ひとり親、障がいのある人など、平常時から弱い立場におかれた人たちだ。災害時には平常時の矛盾が増幅して表れるというが、この国の雇用や社会保障のセーフティネットのぜい弱さが一気に露呈した。

しかし、未曾有のパンデミックのなか、この国の首相が打ち上げたのは、すべての世帯に布マスク2枚を配布するという珍策だった。政府の施策も、後手後手で対応が遅く、特例措置を数か月単位でくりかえすばかり。制度は複雑で、ツギハギだらけでわかりにくかった。電話口から聴こえてくる声は、不安から怒りへ、怒りから苛立ちへ、そして、あきらめと絶望へと変わっていった。

しかし、再度確認したい。地域の中でつながり、そして、地域と地域が全国でつながり、草の根の実践を積み重ねる。個別の相談に応じて解決するとともに、私たち自身が当事者の声、被害の実態を知り、それを社会に訴え、制度の改善につなげていく。こうした足元からの一歩ずつの積み重ねの先にこそ大きな希望がある。再来必至の大災害やパンデミックにそなえ、この展望を、本書を通じて一人でも多くの方と共有することで、私たちの3年間の格闘を「未来を創る」運動につなげたい。

著者を代表して　小久保　哲郎

目次

第2部 浮き彫りになった課題・国の支援策とその問題点・私たちの提言

第1部

コロナ禍足掛け3年、全17回の全国一斉電話相談

防疫対策を万全にして相談に臨んだ。
（第3回：2020年8月8日）

第１章

コロナ禍の襲来と電話相談の始まり

猪股　正（弁護士）

1　殺到した〝崖っぷち〟の相談、42万アクセス

「まったく収入がなくなって……」。

２０２０年４月18日、朝10時の開始とともに電話が次々と鳴り始めた。昼のＮＨＫニュースに電話相談の様子が流れると回線は一気にふさがった。

「パートで22万円あった月収が2万円に。所持金ゼロ」

「４月末で解雇。４月分の家賃が払えない」

「バスのドライバー。社員全員解雇された」

「タクシー運転手。歩合給で収入が激減」

「明日でバイトを切られ、借金の返済ができなくなる」

「居酒屋を経営。３月下旬から休業中で、店と自宅の家賃を払えない」

外出自粛・休業要請で仕事と収入が途絶え、今月または来月の家賃（自宅・店舗）やローン（住宅・事業）が支払えない、生活費も底をつくという〝崖っぷち〟の切迫した相談が相次いだ。

全国31会場、125回線で、弁護士、司法書士、社会福祉士、労働組合や医療従事者など、延べ598人の相談員が対応し、18日と19日の2日間、10時から22時までの12時間、電話を受け続けた。対応できた件数は5009件。この種の電話相談では過去に例がない件数だ。それでも、殺到する電話をとり切ることはできず、かけられた電話（総呼数）は2日間で延べ42万件（NTTコミュニケーションズ提供データ）に及び、対応できた5009件は、そのうちの1・6％（接続完了率）にとどまった。

どうしてこれほどの相談が殺到し、なぜ民間でこのような全国規模の体制が作られて相談会が実施されることになったのか。電話相談開始前の社会状況と全国一斉電話相談がスタートするまでの経過を振り返る。

2　電話相談開始前の状況を振り返る

電話相談に先立つ3月、全国の小中高校などの一斉休校が始まった。コロナの感染拡大に伴い、旅行のキャンセル、外出の自粛などが増え、じわじわと混乱と不安が社会に広がっていった。

相談の現場では、深刻な相談が増え始めていた。経済・雇用情勢が急速に悪化して、もともと余裕がなかった人々を直撃し、政府が支援策を打ち出しても、間に合わないか、そこから漏れてしまう人が続出することが予想された。

3月15日、法律家有志の呼びかけのもと、首都圏で「緊急生活保護ホットライン」が開催されると、「5月まで仕事が全部キャンセルになった」など、1日で120件を超える相談が寄せられ、事態の深刻さがあらためて確認された。

4月に入ると、コロナの感染者数は世界全体で100万人を突破し、死者は5万人を超えた（同年4月3日現在・米ジョンズ・ホプキンス大学集計）。政府は、いわゆる「アベノマスク」と呼ばれた布マスクを全世帯に2枚

電話が殺到した相談会場の模様

ずつ無償配布する方針を発表し、4月7日には、7都府県に緊急事態宣言が発出された。ネットカフェ、漫画喫茶、サウナなどの休業により、住居が不安定な人々が居所を失うことも危惧された。

4月9日に公表された国際調査機関の世論調査では、日本の場合、政府のコロナ対応を評価しないとの回答が6割を超え、政府への評価は、29か国中28位で最低ランクだった。[1]

生活支援策として、生活福祉資金貸付制度の緊急小口資金および総合支援資金の特例措置（以下、両者を合わせて「特例貸付」という）が実施されたが、申請が殺到して窓口は麻痺状態となった。10万円の特別定額給付金、事業者向けの100～200万円の持続化給付金の新設などの施策が公表されたものの、要件等の詳細は不明であり、申請受付は、第1次補正予算の成立を待たねばならず、開始時期が不透明という状況だった。

3　短期間で全国規模の電話相談体制が作られた

政府の対応の遅れや混乱が目立ち、社会に不安が広がるなか、法律家有志から、本電話相談会の実施が呼びかけられた。何の報酬もない100%ボランティアの取り組みだが、全国の法律家、労働組合、反貧困ネットワーク、医療・福祉の専門家などがいち早くこれに呼応した。1か月にも満たない短期間で、4月18日と19日の2日間、全国共通のフリーダイヤル番号「0120-1579 30（貧困なくそう）」を使用して、全国規模で電話相談会を実施するための体制が組まれた。相談会は、「コロナ災害を乗り越える　いのちと暮らしを守る　なんでも電話相談会」と名付けられた。フリーダイヤルの通話料等はカンパを募って対応することになった。清水康之さん（ライフリンク）の協力のもと、「心の相談ダイヤル」が併設され、相談者の自殺リスクにも対応する体制が作られた。各分野に精通した弁護士が分担し、生活困窮者支援にあたる自治体職員の支援も得て、相談対応のためのQ&A集を突貫作業で作成した。「いのちと暮らしを守るQ&A」と名付けられたマニュアルは、目まぐるしく変わる国の施策に対応して、その後、相談会のたびに改定が重ねられた。

地域や組織も異なり、資金の裏付けもないのに、短期間のうちに実施体制が整った背景には、2008年からの取り組みがある。2008年、リーマンショックに端を発した派遣切りの嵐が全国で吹き荒れ、仕事や住居を喪失する人が続出した。未曾有の危機を前に、反貧困ネットワークなどが全国一斉の電話相談を呼びかけ、全国の法律家、労働組合などがこれに応じた。相談が殺到し、メディアを通じ、深刻な状況が可視化され、その後、各地の派遣村の取り組みなどへと続くことになった。コロナ禍が急来した2020年に至るまで、そのつながりと経験、また各地域での粘り強い取り組みが途切れることなく続いていたことが、早期の体制構築を可能とした。

4月15日、東京の司法記者クラブで、相談会実施の記者発表を行い、稲葉剛さん（つくろい東京ファンド代表理事）、雨宮処凛さん（作家・活動家）なども同席した。

16日には、緊急事態宣言の対象が全国へと拡大された。

4 殺到した相談と可視化された深刻な状況

コロナウイルスに感染した有名タレントの死亡が報じられていた時期であり、相談員としての参加には感染のリスクがあった。各会場で感染防止対策を講じ、消毒、換気などに細心の注意を払い、第1回目のなんでも相談会に臨むこととなった。そして、冒頭で述べたとおり、追い詰められた人からの相談が殺到した。人と人の接触が制限され状況が一層見えにくくなっていたが、届けられた人々の声が、深刻な状況を可視化することとなった。

(1) フリーランス・自営業者の打撃

フリーランスや自営業者から多数の相談が寄せられた。「外出自粛で客が週に2人しか来ない。月35万円あった売上が今週は1万円以下に減った」という理容店経営者。

美容院、個人タクシー、軽貨物運送、マッサージ師、喫茶店、バー・スナック経営、居酒屋、ペンション経営、ネットでのライブ配信、イベント業、フリーの大工、スーパーの鮮魚小売業、古物商、写真・絵の制作販売、アクセサリー製作、洋服の型紙製作、生花販売、音楽教室、パソコン教室、書道講師、スポーツ道場、ヨガのインストラクター、通訳、歯医者、……。接客や集客を伴う仕事を中心に、様々な業種の人から、休業等により収入が途絶えたとの相談が続いた。

指揮者、ピアニスト、ピアノの調律、カメラマン、イベント業の人などからも相談が寄せられ、コンサートや演劇などの中止が相次いだことによって、芸術、文化活動などを支えてきた人が大きな打撃を受けていた。当時、ドイツでは、芸術や文化は人間の生命維持に必要不可欠であり、新しいものを創造する勇気が危機の克服に役立つとして、フリーランスや芸術家などへの大規模な支援が行われたが、日本政府の動きは鈍く彼我の差を目の当たりにすることになった。

また、「運転代行業をしているが、飲食店の休業で仕事がゼロになった。従業員ではなく個人事業主扱いなので失業手当をもらえない」という相談など、「雇用によらない働き方」へと置き換えられ、失業給付などの所得保障を受けられないフリーランス・自営業者の無権利状態があらためて浮き彫りになった。

（2）まっ先に切られた非正規雇用

雇用労働者の中では、非正規雇用の人からの相談が7割だった。特に、休業手当不払いの相談が多数に上った。総務省のデータを見ると、2020年3月から4月にかけて、非正規雇用労働者数が一気に131万人減少し、4月の非正規雇用の休業者数は300万人に急増している。

リーマンショックのときと同様、非正規雇用がまさに「雇用の調整弁」としてまっ先に打撃を受けていた。

（3）高齢者の相談が多数

相談者の年齢をみると、半数近くが60歳以上の高齢者だった。

テレビのニュースで相談会のことを知った人が多く、テレビの視聴者が高齢者に多いことが要因の1つだと思われる。「無年金でコロナで仕事がなくなり収入はゼロ。所持金もわずかしかない」など、無年金または低年金のため、高齢になっても働かざるを得ず、パートや自営業で働いて収入を補っていた多くの高齢者が仕事を切られて追い詰められた。また、インターネットを利用できないため、政府の支援策に関する情報やオンラインの申請手続から疎外されている高齢者が多かった。

（４）弱者・少数者の犠牲

相談分野では、生活費の問題、中でも、給付金・助成金に関する相談、とりわけ特別定額給付金が生活保護において収入認定されるか否かに関する相談が多数寄せられた。

「子ども２人を学童に預け、派遣で介護の仕事をしてきたが、学童が閉鎖になって仕事ができない」といった、学校や学童などの閉鎖に伴い仕事ができなくなった子育て世帯からの相談。

「飲食店を４月上旬に解雇。５月には社宅を出て行くように言われている」「ずっとネットカフェにいたが、追い出されて行き場がない。行政が設置した避難所に行こうにも、スマホもないので調べられない」といった住居喪失の危機にある人やホームレスの人からの相談。

「ＤＶ夫から逃げているが10万円の給付金は世帯主の夫に届いてしまうのではないか」「特例貸付を受けたいが社会福祉協議会に電話がつながらない」「政府の施策は何もかも遅い」といった政府の支援策に関連する相談。

多くの社会的弱者・少数者が打撃を受け、生活困窮が日一日と深刻化しているにもかかわらず政府の支援策が届かない状況など、様々な問題が可視化された。

５　地域間・地域内の連携

相談者の状況に応じ、地域間・地域内での連携による支援が行われた。

近畿在住の女性の相談は埼玉会場につながった。女性の声は震え嗚咽が止まらなかった。「病院に勤務しながら、シングルで子育てしてきました。小学校が一斉休校になって。学童にも子どもを預けられなかったので仕事を休みました。その後、コロナの感染が怖くて病院を退職したんです。病院は休業手当も払ってくれず、ハローワークに行っても、自己都合退職だから失業給付もすぐには受けられないと言われて。収入がなくなって、貯えもゼロで、住宅ローンも固定資産税も払えなくて。市役所は相談に乗ってくれず、NPOから食料支援を受けたけれど、それももう底を突いてきてて……私が悪いんです」。退職という選択をした自分を責め、複数の問題が絡み合って出口の見えない中で、精神的にも危機的なところまで追い詰められており、相談だけで電話を切ることはできなかった。埼玉から大阪の小久保弁護士へつないだ。大阪では、地域内の連携でシンママ大阪応援団が、その後の食糧支援、こころのケアなどのサポートを現在まで続けている。

6 相談会後のフォロー

相談会後の状況確認やフォローが行われた例もある。

首都圏在住の60代の1人暮らしの女性は、大手企業の子会社のショールームの仕事をしていたが、2月下旬から仕事がなくなったという。会社からは「業務委託契約」だから休業補償は払えないと言われ、所持金は6万円だけになった。4月分の家賃6万円を払えば尽きてしまう。相談員はひとまず社会福祉協議会の特例貸付に関する情報を提供した。

生活費の枯渇という危機的な状況であったことから、後日、フォローの電話をした。状況を再確認すると、お休業が続き収入はゼロのままだった。持続化給付金や住居確保給付金の利用をアドバイスした。「電話をいただいて震えが止まりません。幸いなことに、NHKのラジオが、この電話相談のことを流してくれて、私は、たまたま電話がつながって救われました。貧しくてお金はないけれど、人の役に立つようにと思い、真面目に生きてきました。あなたからの電話で勇気をいただき、生きていけると思うことができました」。

首都圏では、反貧困ネットワークが中心になって新型コロナ災害緊急アクションとして駆けつけ支援や現金給付をスタートさせた。所持金が尽きた人、住居を喪失した人など、状況に応じ、新型コロナ災害緊急アクションにつなぎ、フードバンクから食料を送付してもらい、生活保護の申請同行などを行った。

７ 政府への緊急要望

相談会終了後の４月23日、安倍晋三内閣総理大臣、加藤信勝厚生労働大臣、西村康稔内閣府特命担当大臣（経済財政担当）および麻生太郎財務大臣兼内閣府特命担当（金融）宛に、「緊急要望書〜国は、自営業者・フリーランス・働く人々の〝呻き声〟を聞け！〜」を提出した。ドイツとの状況比較を行っていた布川日佐史法政大学教授や新型コロナ災害緊急アクションをスタートさせた瀬戸大作反貧困ネットワーク事務局長なども同席して、要望内容を記者発表した。

要望書では、①とにかく一刻も早く、②直接当事者に対し、③自宅や店舗を維持確保し、生活を支えるための現金給付を、④単発ではなく感染拡大が収束するまで継続的に行うこと、⑤当面の生活を圧迫する納税や債務の弁済につき一時的にその支払いから解放することが必要だとし、緊急事態宣言中および終了後一定期間の間、特別の措置を講じることを緊急に要望するとして、次の８項目を要望した。

１　広報・相談体制の拡充と手続の簡略化による迅速な救済を
２　自営業者・フリーランス等の業務と生活基盤の確保を
３　正社員・契約社員・パート等の職場と生活基盤の確保を
４　債務・税金等の支払い負担からの一時的解放を
５　生活の基盤である住まいの確保を
６　生活保護の適用要件の緩和による生活の保障を
７　すべての人に対し速やかに10万円の「特別定額給付金（仮称）」の支給を（申請なしで世帯ではなく個人単位でＤＶ被害者

やホームレスの人などにも漏れなく支給することなど）
8　連休中の行政による支援体制の強化を

8　終わりの見えないコロナ禍、2か月毎に続いていく相談会

多くの人が追い詰められている状況を前に、その声を社会に届けて可視化し、相談から見える政府の対応の遅れや施策の問題点を指摘し改善を求め、個別支援を続けることの重要性は明らかだった。

相談会は、第2回目へと続き、コロナは感染者数の増減を繰り返し、感染の第8波が到来した2022年12月まで、2か月に1回のペースで、全17回、合計1万5000件超の相談に対応していくこととなる。

毎回、相談会終了後、全国の会場から件数等の報告を受けて速報版の集計を出し、その後、特徴的な相談などの詳細を集計し、記者発表した。より専門的な見地からデータ分析を行い、現状把握と政策立案に役立てるため、貧困研究会（2020年度当時、代表は布川日佐史法政大学教授）に協力を依頼し、シンママ大阪応援団のみなさんに全相談表の入力作業をお願いし、後藤広史立教大学准教授（現・教授）を中心に分析作業が続けられていくことになった。1年が経過する毎に、全体状況の振り返りを行い、院内集会にて、状況報告、政府の施策の問題点を指摘するなどした。最多時約200回線にもなった全国の電話回線を統一フリーダイヤルに接続する作業、1回50万円程度となるフリーダイヤル費用等を賄うためのカンパ要請活動、支援制度に関するQ＆Aの改訂、相談会直前の相談担当者向け事前研修会などを毎回繰り返し、過去に例のない、足掛け3年に及ぶ全国連携の取り組みが続くことになった。

注

1　ギャラップ・インターナショナル・アソシエーション「コロナウイルスに関する国際世論調査」レポート

以下、項目を確認しながらできる限り埋めてください（不明の場合はその項目を大きく✕）

同居人数（本人含）	人 （2名以上の場合⇒	2人以上の場合の同居者に○	配偶者 ・ 祖父 ・ 祖母 ・ 父 ・ 母 ・ 兄弟姉妹 ・子①（　　歳） 子②（　　歳）・子③（　　歳）・子④（　　歳）・子⑤ （　　歳） 友人知人・ その他（　　　　　　）
居住地域	県　　　市・区 町・村	現在の預貯金＋手持ち金	本人：　　　　円 世帯：　　　　円（本人除く）
2020年2月頃の月収	本人：　　　　円 世帯：　　　　円（本人除く）	現在の月収	本人：　　　　円 世帯：　　　　円（本人除く）
現在の滞納や借金について	1. 有　2. 無（有の場合は下の該当項目に○）（滞納・借金合計：　　　円） 公共料金 ・ 住宅ローン ・ 家賃 ・ 携帯料金 ・ 公的保険料（医療・年金） ・ 税 その他（　　　　　　）／借金（←消費者金融 ・カード・友人等一つでもあれば○）		
現在の主な居住形態	1. 持ち家　2. 借家（＊）　3. 会社の寮　4. 友人の家　5. ネットカフェ等24時間営業の店 6. その他（　　　　　　）　7. 不明 ＊）借家の場合の家賃：　　　　円		
国の対応の評価	1.全く評価しない　2.評価しない　3.どちらともいえない　4.評価する　5.高く評価する		
国に望むことは何ですか			
備考			
取材対応の可否	可 ・ 否　【可の場合は下に連絡先を記入】		
相談者氏名			
ご住所： 連絡先（携帯電話等）：			

相談記録表　相談会場：＿＿＿＿＿＿ No.　　　開始時間：　時　分／終了時間：　時　分

○以前にもこの相談会に相談をしたことがあるか　1. ない（初めて）　2. ある →　　回目【今回含む】)

相談日	20　　年　　月　　日		記録者		
性別	1. 男性　2. 女性　3. その他	年齢	歳 代	職業 （産業）	（　　　　　　　　） 【例：自動車の組み立て工場】のように、具体的に書いてください。無職は無職。別紙も参照
職業 （地位）	1. 自営業主　2. 家族従事者　3. フリーランス（個人事業主）　4. 会社などの役員 5. 正規の職員・従業員　6. パート・アルバイト　7. 契約社員　8. 労働者派遣事業所の派遣社員 9. 嘱託　10. その他　11. 地位不明　12. 無職→（コロナの影響　あり ／ なし ／ 不明）				
相談 概要	生活費問題→（□生活保護→【□未受給（申請中）／□受給済み】　□給付金・助成金　□その他） 住宅問題 →（□家賃滞納　□住宅ローン滞納　□その他） □債務問題　□労働問題（被雇用者）　□事業問題（事業者）　□家庭問題　□健康問題 □その他（　　　　　　　　）				

相談概要（※（特に特徴的なケースについては）他の人が読んでもわかるように詳しく書いてください。
□ ご本人ではなく、別居の親族や友人・知人などについての相談の場合は、左の□にチェックを入れてください。
□ つながる電話経由の電話である場合は、左の□にチェックを入れてください。

回答概要
□ 相談会へのクレームや愚痴などと思われる場合は、左の□にチェックを入れてください。

処理	□ 終了　□ 相談継続　□ 受任予定　□ 中断（途中で向こうから切ったなど） □ 他に引継（引継先：　　　　　　　　）

【コラム1】

コロナ禍、追い詰められる女性たち

雨宮処凛（作家・活動家）

「派遣の仕事を切られ、家賃が払えない」

「職を失った息子と同居しているがもう残金がなく、米と漬物しか残っていない」

「夫も自分もコロナで失業し、住宅ローンが払えない」

「もう死ぬしかないと思っている。すでに首を吊る準備をしてある」

これらの言葉は、「コロナ災害を乗り越える　いのちと暮らしを守る　なんでも電話相談会」に寄せられたものだ。私も相談員をつとめており、実際に電話を受けて聞いた声。すべて女性からのものである。

貧困問題に関わるようになって、今年で17年。コロナ禍のこの3年、私が痛感しているのは「日本社会から女性を守る余力が失われた」ということだ。

15年前の08年、リーマンショックにより日本中に派遣切りの嵐が吹き荒れた。その年の年末から翌年の年明けにかけ、日比谷公園には6日間にわたって「年越し派遣村」が出現。職も住まいも所持金も失った505人が派遣村を訪れたわけだが、中高年男性が中心で、女性はわずか5人、1%だった。

それが今、ホームレス化している/ホームレス化に晒されている女性は20倍ほどに増えている。

コロナ禍1年目の20年から21年にかけての年末年始、派遣村有志が企画して「コロナ被害相談村」が開催されたのだが、3日間で訪れたのは344人。うち女性は62人で18%。その62人のうち、29%がすでに住まいがなく、42%が収入ゼロ、21%が所持金1000円以下だった。翌年、21年から22年にかけての「コロナ被害相談村」では2日間に418人が訪れ、うち女性は89人で21%。

メール相談でも女性の割合は同様だ。例えば20年3月、「反貧困ネットワーク」が呼びかけ、貧困問題に取り組む40団体ほどで「新型コロナ災害緊急アクション」が立ち上げられたが、このメールフォームには23年3月時点で約2000件ほどのメールが届いている。

「今日ホームレスになった」「3日間、何も食べていない」などの深刻な相談が多く、支援者が連日駆けつけ支援に追われているのだが、メールをくれるうちの約2割が女性。また、派遣村当時と違い、全体の約6割が10～30代と若年化が進んでいる。一方、住まいのない人は7割以上、4割以上が携帯も止まっている状態。

このことが示しているのは、15年前はまだギリギリ機能していた家族福祉も企業福祉も機能しなくなったということだ。派遣法が施行されて、今年で37年。蔓延した不安定雇用は「何かあったらたちまち路上生活に陥る人」を大量に生み出した。そしてそれが、女性にまで広がっているのである。

ある20代女性は派遣の仕事を切られ、残金1万円となって相談会を訪れた。また、風俗で働くある女性はコロナで客が激減し、寮費が払えなくなったことから相談に来てくれた。いずれも生活保護制度につないだのだが、昨年からの物価高騰で支援現場はさらに逼迫している。コロナ前、近隣の野宿男性50～60人ほどが並んでいた都庁前の食品配布の行列は増え続け、今年5月には749人と過去最多を記録。家族分の食料がほしいと炊き出しや食品配布に並ぶ女性も増えている。

が、女性の苦境は今に始まったことではない。もともと女性の非正規雇用率は5割以上。そんな女性非正規の平均年収は153万円（20年、国税庁）。そこにコロナ禍が直撃したわけである。感染拡大は飲食・宿泊といったサービス業を直撃したわけだが、飲食・宿泊で働く人の6割が女性でほぼ非正規。コロナ禍は、日本のサービス業が非正規女性によって支えられていたことを浮き彫りにした。そんな女性たちがなんの保障もなく放り出されたのである。

このような状況を受け、21年からは「女性による女性のための相談会」も始まった。スタッフ、ボランティア全員女性で女性の相談を受ける取り組みだ。これまでに6回開催され、多くの声を受け止めてきた。

この3年、困窮者支援の現場は「野戦病院」のような状態が続いている。厳しい状況だが、電話相談などの取り組みはコロナ禍で生まれた大きな財産でもある。

あらためて、支援の現場にいる人々に最大限のリスペクトを送りたい。

第２章

収束しないコロナ禍、続く電話相談
——社会の出来事と相談概要を振り返って

福本和可（司法書士）

はじめに

前章で触れている通り、本相談会では毎回相談者の属性や相談内容等の件数を集約するとともに、各会場から特徴的な相談や国への要望の文字情報を提出していただき、それらを件数推移表と報告書という形でまとめてきた（件数推移表は50頁～、報告書は「生活保護問題対策全国会議」のＨＰで確認できる）。

それらの数字や文字情報の変化と各回の直前の出来事を時系列的に追いながら、コロナ禍でどのような方々へどういった影響があったのか、国はそれに対してどのように支援してきたのかを振り返りたい。

１　相談会開始——コロナ禍が直撃したフリーランス・非正規労働者

【第１回】　２０２０年４月18、19日
・相談件数：５００９件
・当時の１日あたり感染者数：３７６人

・それまでの出来事：
1月15日　国内で初めて感染確認
2月28日　全国小中学校の一斉休校
同　日　北海道で「緊急事態宣言」週末の外出自粛要請
3月11日　WHOが「パンデミック宣言」。「新型コロナウイルス感染症」と命名
3月13日　新型インフルエンザ等対策特別措置法改正、翌日施行
3月19日　大阪神戸間の週末往来自粛要請
3月24日　東京五輪・パラリンピック延期決定
3月25日　東京都で週末外出自粛要請
同　日　「緊急小口資金」「総合支援資金」につき、新型コロナウイルスの影響が認められる人も申請できる特例措置（特例貸付）開始。申請が殺到
4月1日　安倍首相、すべての世帯に布マスク2枚の配布表明
同　日　雇用調整助成金の特例拡充
4月7日　東京、神奈川、埼玉、千葉、大阪、兵庫、福岡の7都府県に第一回目の緊急事態宣言発令。外出自粛、学校を含む施設の使用停止、音楽やスポーツイベントなどの開催制限を要請。営業時間の短縮に応じない飲食店に時短を指示
4月16日　緊急事態宣言の対象を全国に拡大
同　日　安倍首相、国民一人当たり10万円を一律給付する考えを示す

第１回目の緊急事態宣言の中で開催された初回のなんでも相談会には、マスコミから注目されたこともあり、２日間で５００９件の相談が寄せられた。

相談者の属性としては、フリーランス（個人事業主）と自営業者を合わせて１０４４件（33％）、非正規労働者は５５９件（17％）であり、コロナ災害が働き方の不安定な層を直撃したことをあらわす結果となった。すでに

2月末ごろから外出自粛の空気があり、特に店舗経営、講師業、イベント運営などに関わる個人事業主や小規模事業者は、何も補償のない中で収入を失うこととなった。

そういった方たちからは、給付金・助成金に関する相談が多く寄せられ、その中にはすでに特例貸付をこの時点で利用できる全額受けている方もおられた。

とりわけ、多くの方が期待していたのが、直前に安倍首相が発表した一人10万円の「特別定額給付金」であり、この給付金を含む給付金・助成金に関する相談は1258件(27%)あった。生活保護利用者からの「収入認定されるのか」という問い合わせも多く、保護基準引下げが相次いで苦しい生活を強いられている生活保護利用者にとっても、この給付金は期待するところが大きかった。

また、特にサービス業に従事する労働者からは、「会社から休業を指示されたまま補償がない」などの悲鳴の声が上がっていた。それを反映して労働問題は669件(14%)であり、解雇・雇止めやシフト減等、生活に直結するような相談が多かった。中小企業の労働者では、本来は受けられるはずの休業手当を受けられていないケースも多く、使用者側も余裕がない中での休業要請には速やかな現金給付が必要だと思われた。

【第2回】 2020年6月6日
・相談件数:1217件
・当時の1日あたり感染者数:46人
・それまでの出来事:
4月20日　住居確保給付金の対象拡充
5月上旬　特別定額給付金(一人10万円)の申請受付開始
5月1日　持続化給付金の申請受付開始
5月4日　緊急事態宣言の延長決定

5月14日　39県での緊急事態宣言解除
5月21日　3府県の緊急事態宣言解除
5月25日　全都道府県での緊急事態宣言解除

緊急事態宣言解除直後の第2回であったが、1217件と多数の相談が寄せられた。給付金・助成金に関する相談は306件（23％）と変わらず多く、この頃になると助成金や給付金の受付が開始したことから、具体的な制度についての問い合わせが増えた。特に特別定額給付金については、申請はしたものの給付がまだされないという声や申請書が送られてこないという声が多くみられた。持続化給付金では、制度利用対象であることを証明できる書類を用意できないなどの制度不備の問題が浮かび上がった。

労働問題も346件（26％）と割合では増加し、非正規労働者315件（34％）からのシフト減や出勤停止などの相談だけでなく、テレワークや時短勤務などによる給与減となった正社員からの相談も123件（13％）と多くみられた。雇用調整助成金の申請を会社がしてくれないという相談も散見され、こちらも制度不備をあらわす結果となった。

【第3回】２０２０年8月8日

・相談件数：２４６件
・当時の1日あたり感染者数：１５７１人
・それまでの出来事：
6月19日　県をまたぐ移動の自粛要請全国で緩和
同　日　東京都休業要請全面解除
7月　特例貸付の延長貸付受付開始

7月9日　1日あたり感染者数300人、翌日には400人を超える
7月10日　休業手当を受けられなかった労働者向けの休業支援金申請開始
7月22日　Go Toトラベルキャンペーン開始
同　日　持続化給付金の不正受給で逮捕者が出る
7月29日　1日あたり感染者数1000件を超える

3回目の開催は、いったん感染状況が落ち着いたかにみえたのち、自粛要請緩和などにより再度感染状況が悪化した「第2波」のさなかであった。

マスコミで取り上げられなかった、ということが原因であると考えられるが、相談件数は伸びなかった。しかし、相談内容はやはりこれまで同様、助成金・給付金関係62件（21％）と労働関係77件（26％）が多く、長引くコロナ禍に経済的に苦しむ人々の姿が浮かび上がってきた。国への要望としても、迅速な対応を求める声や、制度拡充を求める声が多く挙がった。

一方で生活保護に関する相談は、32件（11％）と少なく、どんなに困っていても生活保護に忌避感を覚える方が多いのではないかと考えられた。

また、感染状況が拡大してきており、同時に感染者へのいわれのない差別も問題になった時期でもあり、自分が感染したらどうなるかという心配の声も聴かれた。

【第4回】 2020年10月10日
・相談件数：782件
・当時の1日あたり感染者数：678人

・それまでの出来事：
8月11日　世界の感染者数20万人を超える
8月27日　東京都、酒を提供する飲食店への午後10時までの時短要請を23区内では翌月15日まで継続。応じた事業者に、15万円の協力金支給を明らかに
8月28日　安倍首相正式に辞意表明
9月10日　8月の自殺者が１８４９人で、前年より２４０人以上増加が確認
9月15日　東京都の時短要請解除
9月16日　菅首相就任
9月30日　9月22～25日の４連休で感染者が増加したことが確認。
10月2日　30代以下の女性の自殺者数、前年比74％増加
10月上旬　ＧｏＴｏイートキャンペーン全国で順次開始

この頃になると、持続化給付金や助成金等がいったん行き渡ったからか、長引くコロナ災害で廃業したためか、特にフリーランスからの相談が41件（5％）と減ってきている。反面、非正規労働者からの相談は１６９件（22％）と引き続き高い割合が続いている。また、無職の方からの相談も２８６件と40％近くにのぼり、コロナ禍が長引くことで失職したり、再就職が難しい方が増えてきていることが想像される。

相談内容も給付金・助成金（１２３件・13％）から生活保護（１６２件・17％）へと件数がシフトしてきている。比較的若い世代からの生活保護を受けたいという相談も多いが、その反面、生活保護だけは受けたくない等、生活保護に対する忌避感を持つ相談者も多数見受けられた。また、水際作戦ではないかと思われるケースも散見された。

男女差では、この回からほぼ毎回男性が10％以上女性を上回る傾向が続くことになる。

また、長引くコロナ禍を反映してか、この回以降はすべて、所持金別で1万円以下と回答した方が30％を超えることとなる。

【第5回】2020年12月19日

・相談件数：522件
・当時の1日あたり感染者数：2989人
・それまでの出来事：
10月13日　Go Toトラベル追加予算配分正式表明
10月21日　9月の外国人旅行者昨年比99％減
10月29日　厚生労働省「モデルナ」とワクチン供給の契約
11月5日　1日の感染者数が再び1000人を超える
11月21日　Go Toキャンペーン一時停止を検討
11月27日　大阪府、飲食店に対し時短要請
12月3日　大阪府で「医療非常事態宣言」、赤信号点灯
12月8日　全国のコロナ死亡者数47人と過去最多
12月18日　新型コロナワクチン、翌年2月下旬の接種開始準備を厚労省が指示
同　日　ファイザーワクチン承認申請

変わらず非正規労働者と無職の方からの相談がそれぞれ30％超と多数を占める。相談内容としても生活保護と労働が各20％程度と前回同様多かった。

持続化給付金を使い切ったり、特例貸付を借り切ったり延長貸付が受けられなかった方からの相談も目立つ。

特筆すべきは、60件（41％）が国の施策について「全く評価しない」と回答していることで、感染者が増えて

いる中でのGo Toキャンペーンの実施や、次の支援策がないことで、国への不満が高まっていたことが想像される。

この頃から国への要望として、「飲食店ばかりを優遇せず平等に支援してほしい」という声がみられるようになってきた。

2 長引くコロナ禍――労働相談から生活相談へ

【第6回】 2021年2月20日

- 相談件数：716件
- 当時の1日あたり感染者数：1233人
- それまでの出来事：

12月21日　日本医師会など「医療の緊急事態」を宣言
12月22日　大手企業の冬のボーナス、非製造業で12・9%減。1997年以降で最大
12月28日　全世界からの外国人の新規入国、1月末まで停止
同　日　Go Toトラベルキャンペーン、全国で一斉停止
1月7日　2回目の緊急事態宣言発令
1月12日　12月の内閣府の景気調査、9か月ぶり大幅悪化
1月13日　緊急事態宣言に伴う影響について、都内の中小企業を対象に行ったアンケートで8割の企業が経営に影響があると回答
1月17日　来春の大卒採用、飲食や宿泊業を中心に11年ぶり減少の見込み
2月　特例貸付の再貸付受付開始
2月3日　新型コロナ特措法など改正案、参院本会議で可決し成立。『まん延防止等重点措置（まん防）』が新設

2月5日　新型コロナ関連倒産計1000社に。この2週間あまりで100社増と加速
2月17日　医療従事者約4万人対象にワクチン先行接種始まる

非正規労働者からの相談が130件（20%）と減り、無職の方からの相談が235件（36%）と増加。それを反映して70代以上からの相談が144件（26%）であった。高齢者でも無年金や低年金が原因で働きに出られる方も多く、そういう方は一度職を失えば再就職が難しいため、そのまま困窮されているというケースが見受けられた。無職の子（成人）を年金で支えている方もおられた。

持続化給付金以降の支援策がないことで、自営業者からの相談も101件（15%）と増加した。特に時短協力金のある飲食業とそれ以外での支援策がないことの影響が大きく、不公平感を訴える声も多かった。

相談内容としては、生活費問題が300件（42%）と引き続き高い数字なのに対して、労働相談が99件（14%）と少なくなった。この回以降も同じような傾向が続くことから、コロナ禍突入から1年が経過し、困窮のフェーズが変わってきていることが読み取れる。

ワクチンの接種が始まったことで、副反応に対する心配の声も多くみられた。

【第7回】2021年4月24日
・相談件数：669件
・当時の1日あたり感染者数：5595人
・それまでの出来事：
2月21日　コロナワクチン接種後に悪寒などの症状1件、副反応か
2月28日　緊急事態宣言、首都圏除く6府県で解除
3月4日　DVの警察への相談件数、去年は過去最多。外出自粛で潜在化も

3月16日　低所得の子育て世帯へ現金給付など決定
3月25日　聖火リレーが福島県の「Jヴィレッジ」からスタート
3月31日　大阪府「まん延防止等重点措置」適用を国に要請
4月5日　大阪、兵庫「まん延防止措置」対象地域の飲食店などに時短要請
4月12日　65歳以上の高齢者に対する新型コロナウイルスワクチンの優先接種開始

２４４人（42％）が無職であり、無職の方からのご相談はこの回以降右肩上がりとなる。相談内容も労働関係が72件（11％）とさらに減少する一方、生活保護が１３２件（21％）、給付金・助成金が１６９件（26％）と生活相談が増加の傾向である。

生活保護については、忌避感を訴える方もいれば、水際作戦と思われるケースも多かった。

助成金・給付金については、特例貸付を借り切った方や利用できない方も多く、さらなる制度がないかと尋ねる声が散見された。

無職となった理由としてコロナでの解雇や雇止めを挙げる声も多く、労働問題でも退職勧奨されている方が多数おられた。また、滞納や債務を抱える方も多くみられた。

まん防が適用されている最中であったり、翌日に3回目の緊急事態宣言が発令されることが予定されていたため、自営業の方からは休業要請の対象になっているのか、協力金があるのかどうかという質問が相次いだ。

ワクチン接種がなかなかできなかった時期でもあり、早く打ちたいがどこでできるのか？という質問や、コールセンターにつながらない、といった訴えも高齢者を中心にあった。

国への要望としては、引き続き支援制度の充実を求めるものに加え、飲食店に偏った支援への不公平感、ワクチン接種の遅れやオリンピック開催についての不満を訴える声も多かった。

【第8回】 2021年6月12日

・相談件数：954件
・当時の1日あたり感染者数：1940人
・それまでの出来事：
4月25日　3回目の緊急事態宣言発令
5月1日　緊急事態宣言で自宅で飲酒する人が増える中、DV相談は宣言前の3倍に
5月5日　大阪で重症患者用の「病床運用率」100％超
5月7日　4都府県の緊急事態宣言について、31日まで延長
5月8日　感染者全国で7000人超。各地で過去最多
5月12日　2県を緊急事態宣言に追加
5月14日　全国の自殺者数、4月は1799人で前年比292人増。特に女性は37％増
5月26日　コロナの影響で倒産した企業、去年2月からの累計で1500社に。
6月11日　新型コロナ新規感染者数、緊急事態宣言10都道府県すべてで減少

相談者の属性の傾向としては大きな変化はみられない。

給付金・助成金に関する相談が365件（38％）と急増。特例貸付に加えて、特例貸付を借り切った方向けの生活困窮者自立支援金の申請開始が7月から予定されていた影響と思われる。

生活保護に関する相談も213件（22％）と多く、特例貸付を借り切った方が生活保護を受けたいというケースも多かったが、「生活保護だけは受けたくない」と忌避感を示されたり、水際作戦にあったりといった方も相変わらず多かった。

労働問題も61件（6％）とかなり減少したが、解雇や雇止めにあった、休業補償金申請に勤務先が協力してく

れない、などの相談が目立った。

感染拡大を反映して、コロナ感染したり濃厚接触者となったことで職を失ったり収入減になったという相談もみられた。ワクチン接種についても前回に続いて、早く受けたいが予約ができないという声や、逆に副反応等について不安を訴える声が目立った。

国への要望としては、特に生活困窮者自立支援金の周知の不足や、オリンピック開催を強行しようとしていることへの批判が多くみられた。

３　オリパラ強行からいったんの落ち着きへ——支援策の明暗も

【第９回】２０２１年８月21日

・相談件数：８７４件
・当時の１日あたり感染者数：２５６６２人
・それまでの出来事：

６月14日　コロナ関連倒産、飲食店など累計１６００社に
６月16日　月次支援金の申請開始
６月17日　緊急事態宣言、沖縄を除く９都道府県で解除。７都道府県はまん防に移行
６月28日　国民年金保険料、コロナの影響で納付免除や猶予過去最多
６月30日　特例貸付の延長貸付終了
７月　　　特例貸付を借り切った人を対象に「生活困窮者自立支援金」の受付開始
７月９日　東京オリンピック全会場で無観客開催へ
７月12日　東京に４回目の緊急事態宣言。沖縄は延長
同　日　自殺が12か月連続で増加。特に女性が大幅増

7月13日　特例貸付、1年3か月で決定額1兆円超に
7月23日　東京オリンピック開会式
7月31日　4府県に緊急事態宣言追加。5道府県にまん防適用を決定
8月8日　東京オリンピック閉会式
8月17日　緊急事態宣言の対象地域に、7府県の追加を決定
8月20日　東京都内で当月、救急車を要請した自宅療養者の63％が搬送されず

相談者の年齢としては3か月ぶりに50代が183件（28％）と最も多くなる。非正規労働者と無職が多いのは変わらず。

相談の内容としては352件（40％）が生活費に関するもので、依然として生活保護や給付金・助成金に関するものが多かった。その他の相談も186件（21％）となっており、医療従事者や高齢者以外のワクチン接種が始まったため、多くがワクチン接種に関するものと考えられる。それに伴って健康問題も99件（11％）とこれまでに比べて増えている。

感染状況の拡大を反映して、労働相談では自身がコロナ感染し、その後会社指示や後遺症で出勤できない、という方や、職場でコロナ感染者が出て休業指示されたり、濃厚接触者となったことで出勤できない、という方からの「収入が途絶えたり激減したが、何か手当が出ないのか」という相談が非常に多かった。また、パートやアルバイトでは緊急事態宣言で休業させられており、シフト減や休業による収入減で困窮する方が散見された。

国への要望としては、緊急事態宣言で時短要請が長引き、医療もひっ迫する中で、東京オリンピックが強行されたことに対しての怒りとともに、さらなる支援策を求める声が多くみられた。これを反映して、国への評価も106件（45％）が「全く評価しない」と回答した。

【第10回】 2021年10月23日

・相談件数：229件
・当時の1日あたり感染者数：279人
・それまでの出来事：
8月24日　東京パラリンピック開会
8月25日　緊急事態宣言に8道県追加。まん防に4県適用を決定
9月3日　菅首相が自民総裁選に立候補せず。退任へ。
9月5日　東京パラリンピック閉会式
9月9日　緊急事態宣言19都道府県で延長を決定
9月30日　緊急事態宣言解除
同　日　東京都で感染警戒レベル10か月ぶりに一段引下げへ
10月4日　岸田文雄氏、第100代の首相に選出
10月18日　コロナ後遺症で仕事に影響66％

感染者数が落ち着いた時期であり、マスコミの注目度も下がっていたため、相談件数が落ち込んだ回であった。相談者の属性や相談内容の傾向は前回と大きく変わらず。

生活費問題（114件・44％）ではコロナの影響が長く続く中で、特に中高年層の失業者からは「どれだけ求職活動をしても仕事が見つからない、どうしていいかわからない」と困り果てている様子が散見された。

この頃は各種の給付金・助成金があり、それを利用できているということも相談件数が落ち着いている原因であると考えられるが、反面、制度を利用したくても利用できない方からの相談も目立った。

【第11回】2021年12月18日

・相談件数：288件
・当時の1日あたり感染者数：201人
・それまでの出来事：
10月29日　新規感染者数 1日当たり265人と今年に入って最も少ない水準に
11月2日　自殺対策白書、働く女性の自殺増加
11月21日　特例貸付申請期限、来年3月末まで延長決定
11月29日　国立感染症研究所、「オミクロン株」を「VOC＝懸念される変異株」に指定
12月1日　生活保護申請、5か月連続で前年比増
同　日　コロナワクチン3回目の接種、医療従事者対象に開始
同　日　全世界からの外国人の新規入国、原則停止。
12月6日　国内で初めて日本人の「オミクロン株」感染確認
12月11日　居酒屋チェーン2年足らずで店舗20％近く減

オミクロン株の流行前でもあったため、前回同様件数は伸びなかった。

前回と比べると無職の方からの相談（145件・54％）が増加していた。無職の方については、この回からコロナの影響で失職したかどうかに分けて集計しているが、3分の2ほどがもともと無職の方からの相談であった。

給付金・助成金についての相談が77件（24％）と多く、特に住民税非課税世帯等に対する10万円の臨時特別給付金について発表された直後の開催であったため、この給付金に関する質問が目立った。また、特例貸付を再貸付まで借り切ったという方も多く、次の支援策が待ち望まれていた。

その一方、生活保護（77件・24％）については、忌避感を訴える方もいる反面、水際作戦や扶養照会・自動車

保有等の問題で利用を諦める方もおられ、必要な方が利用しやすい制度であることが求められていると考えられた。

4　生活困窮、新たなフェーズへ――オミクロン株登場と物価高騰

【第12回】２０２２年２月19日

・相談件数：９４４件
・当時の１日あたり感染者数：７７１００人
・それまでの出来事：

12月24日　オミクロン株、東京で４人感染確認。うち１人は都内初の市中感染
12月30日　正社員の平均年収、前年同期比６万円減。特に20～40代が大きくコロナ禍で残業代減要因か
12月31日　特例貸付の再貸付受付終了
1月7日　３県で「まん延防止」適用決定
1月10日　米軍基地内での感染拡大が続き、国内の米軍関係者外出制限始まる
1月12日　12月の融資残高過去最高に
1月13日　８県で感染者数過去最多
同　日　前年の倒産件数、55年ぶり低水準。資金繰り支援策の効果などが背景
1月14日　自宅療養者が、全国で１万８０００人あまりと前の週のおよそ16倍に急増
1月18日　感染者数２万７０００人超、過去最多
1月19日　去年１年間に日本を訪れた外国人旅行者は、一昨年より94％少ない24万人あまり。２年連続の大幅な減少
1月21日　まん防、同日から16都県に拡大。要請の動きも相次ぐ
同　日　全面休園の保育園やこども園、過去最多水準の見通し

1月22日　国内新規感染者、初の5万人超え
1月25日　国内感染、初の6万人超。過去最多
1月26日　全国のコロナ感染確認、初の7万人超え。過去最多に
同　日　東京都の自宅療養者、初の4万人超に
1月27日　まん防適用地域、34都道府県に拡大
1月31日　保育所やこども園の全面休園、前週の約2倍。過去最多の644か所に
同　日　事業復活支援金申請開始
1月末頃から　10万円の住民税非課税世帯への給付金申請開始
2月5日　まん防に和歌山県を追加
2月9日　自宅療養者54万人余、前週より10万人余増過去最多
2月10日　まん防、13都県が来月6日まで延長
2月12日　まん防に高知県追加
2月18日　まん防17道府県の延長と5県の解除決定

オミクロン株の流行で感染が爆発的に広がる中で、マスコミの注目も集まり、相談件数も増加した。年代としては、70代以上が218件（30％）と最多であり、この回から最終回まで70代以上が連続して最多となっている。職業としては344件（42％）が無職で、そのうち121件と約3分の1がコロナで失職した方であった。また163件（20％）が非正規労働者、132件（16％）が自営業者＋フリーランスであり、コロナ感染爆発で影響を受けやすい層からの相談が前々回、前回と比べると増加していると考えられる。

内容としては462件（50％）が生活問題であった。生活保護についてはこの回から未申請と利用中を分けて集計しており、それぞれ133件（14％）、48件（5％）の相談があった。未申請の方では引き続き忌避感を訴える声や水際作戦にあっているという声があった。利用中の方からも保護課からの指示等に対するお困りの声が聞

かれた。

給付金・助成金も239件（26％）とかなり件数の伸びを見せた。住民税非課税世帯等に対する10万円の臨時特別給付金については、申請書の発送が数回に分けられていたため、申請書が届かない方からの「いつもらえるのか」「自分も対象なのか」という問い合わせが目立った。特例貸付や生活困窮者自立支援給付金については、使いきったという方がいる一方で、まだ利用していないという方もみられた。

その他失業者や高齢者から、長引くコロナ禍や低年金・無年金による生活苦の声が多数寄せられた。借金で生活しているという方も多かった。

労働に関する相談（92件・10％）では感染爆発により、自身や家族が感染したり、職場が休業になり給与や休業手当が支払われない、といった相談が目立った。

事業者からは申請が開始したばかりの事業復活支援金についての相談やその他支援制度についての相談が多数寄せられた。

【第13回】 2022年4月23日

・相談件数：486件
・当時の1日あたり感染者数：43954人
・それまでの出来事：
2月20日　まん防5県で解除
2月22日　新型コロナによる死者、最多の319人。一日の発表300人超は初
2月24日　ロシア軍のウクライナ侵攻開始
3月3日　生活保護、去年の申請件数前年比5・1％増。2年連続の増加
3月6日　まん防18都道府県で再延長、13県で解除

3月21日　まん防すべての地域で解除
4月　総務省統計局の消費者物価指数、前年同月比上昇率が2・1%まで拡大
4月8日　岸田首相、途上国のワクチン普及へ追加で最大5億ドル拠出表明
4月16日　コロナ後遺症、厚生労働省が調査開始。

無職の方からの相談が241件（54%）と高い割合になった。そのうちコロナの影響であると判明しているのは20%であった。この頃から物価高騰が拡大し、生活保護利用者や年金生活者を中心にその影響を訴える声が多く寄せられたことが一因であると考える。

給付金・助成金関係（83件・17%）では、支援策を使いきった方から他制度を求める声が多く聞かれた。感染状況や3回目のワクチン接種が広がったことで、コロナの後遺症やワクチンの副反応などに対して不安を訴える声も目立った。

国への要望についても、支援策や制度周知を訴える声とともに、物価高騰の対策を求める声が多くみられた。

【第14回】２０２２年6月11日

・相談件数：５１５件
・当時の1日あたり感染者数：１５３４１人
・それまでの出来事：

4月25日　3回目のワクチン接種、全人口の50・8%となる
5月2日　3年ぶり制限なしの大型連休。都道府県をまたぐ人の移動は去年より3割増え、感染拡大前の76%にまで戻る
5月21日　独立行政法人の調査、「収入がコロナ前の水準に戻らない」26%余
5月25日　新型コロナワクチン4回目接種、60歳以上の人など対象に始まる

6月10日　外国人観光客受け入れ再開。当面添乗員付きツアー客限定

相談内容としては、引き続き生活費問題が２３０件（45％）を超え、生活保護利用者からの相談も増えた。未利用の方からは、忌避感や保護窓口からの悪質な水際作戦に遭った旨の声があった。

属性としては無職の方が２５４件（60％）と、さらに増えた。半数がコロナの影響なしという方であったが、長期間仕事が見つからず疲弊されている失業者も多くおられた。コロナの影響で失職されたり収入が激減した方からも、支援制度を使いきり途方に暮れているという声が目立った。

特に目立ったのが、物価高騰による生活苦を訴える声の多さであった。年金額の引下げと重なったこともあり、年金や生活保護費だけでは生活が立ち行かないと、悲痛な声が多数聞かれた。

また、ワクチン接種後の体調不良を訴える声も目立った。

そういった状況を反映し、国への要望としては、コロナ関係の支援だけではなく、根本的な生活困窮への対策や物価高への対策・年金、生活保護費の引上げを求める声が多くみられた。

【第15回】２０２２年8月27日
- 相談件数：４９９件
- 当時の1日あたり感染者数：１８００８５人
- それまでの出来事：

6月17日　「全国旅行支援」導入を発表
7月8日　安倍元首相、街頭演説中銃撃され死亡
7月10日　参院選で自民党大勝

7月11日 「大阪モデル」警戒示す黄色に。往診依頼が急増、感染者増加
7月15日 感染者10万人超。病床ひっ迫も
7月16日 感染者11万675人、全国の一日の発表で過去最多
7月20日 全国の感染者過去最多15万2536人、30府県で最多
7月22日 濃厚接触者の待機期間5日間に短縮。社会経済活動の維持のため
7月27日 感染者全国で20万人超、過去最多に
同　日 郵便局全国154か所で窓口業務休止。従業員のコロナ感染などで
同　日 WHO「新規感染者は日本が世界最多」1週間当たり約97万人
8月3日 自宅療養者が過去最多の143万8000人余に
8月9日 1週間の「救急搬送困難事案」6589件。2週連続で過去最多
8月25日 「県民割」9月末まで延長。「全国旅行支援」は先送り

相談者の属性の傾向については、前回と同様であった。

続く物価高騰により、特に生活保護利用者からの生活苦の声が多く挙がった。また失業者からの相談も引き続き多かった。

この頃になるとコロナの影響なのかどうかが判別できない相談の方が多くなった印象があり、相談内容としても、その他に分類されるものが93件（21％）とかなり増えてきている。それはコロナ以前から潜在的にあった問題がコロナによって顕在化し、社会全体の地盤沈下がコロナにより進んだという証左でもあるように思われる。

国への要望で目立つのは、安倍元総理の国葬への反対の声であった。銃撃事件によって政治と旧統一教会の癒着が発覚したことに加え、物価高騰で苦しむ国民から「そんなお金があるなら配ってほしい」という反発を招いた。

5　相談会ラストへ——支援策終了しても続く生活困窮

【第16回】2022年10月22日

・相談件数：774件
・当時の1日あたり感染者数：33844人
・それまでの出来事：

9月2日　新型コロナ全数把握見直し、4県で運用開始
9月7日　新型コロナ水際対策、同日から緩和
9月8日　感染者の療養期間、症状がある人は7日間に、無症状者は陰性確認を条件に5日間に短縮する方針を決定
9月20日　オミクロン株対応のコロナワクチン接種始まる
9月22日　徳島阿波おどり参加の踊り手などの4人に1人が新型コロナ感染
同　日　145円台後半まで円安に。政府・日銀は24年3か月ぶりに市場介入
9月26日　新型コロナ感染者の全数把握簡略化、全国一律開始
同　日　新型コロナ入院給付金、生保大手4社支払い対象見直し。重症化リスクが高い人等に限定
9月27日　安倍元首相の国葬行われる
9月30日　特例貸付受付終了
10月1日　雇用調整助成金、特例措置の上限引下げへ
10月8日　新型コロナ後遺症、重症患者の半数が1年あまり認知機能の不調続く
10月11日　「全国旅行支援」開始

マスコミ報道が多くされたことにより、相談件数が伸びた回であった。テレビ報道が多かったせいか、283

件（45％）が70代以上の高齢者からの相談であった。それを反映して、433件（68％）が無職の方からの相談で、そのうち半数以上がコロナの影響なしと考えられる方であった。

生活費問題の相談が402件（53％）と半数を超え、引き続き物価高騰により苦しむ生活保護利用者や年金生活者から「三食満足に食べられない」などの悲痛な声が上がった。また、失業者からの相談も変わらず多かった。5万円の電力・ガス・食料品等価格高騰緊急支援給付金の給付決定の報道があったことで、この給付金についての相談も多かった。

生活保護利用者からの生活苦を訴える相談が増えたり、9月末で特例貸付が終了したことで使える制度がほぼなくなったりしたことで、相談員側としてもなすすべがなく、非常に無力感を感じる相談が多くなった印象がある。

特例貸付の返済が翌年1月から開始することで、返済に関する相談もみられ、その他の借金を含めた多重債務状態になり、返済ができないと悩む方も多かった。

国葬強行、物価高騰への対策の不十分さからか国の施策への評価は104件（48％）が「全く評価しない」と回答し、国への要望では生活保護費や年金の引上げを訴える声や、政治への不満を訴える声が非常に多かった。

【第17回】 2022年12月17日

・相談件数：401件
・当時の1日あたり感染者数：158732人
・それまでの出来事：
10月26日　発熱外来設置の医療機関への診療報酬加算、来年3月末まで延長へ
11月初旬　5万円の電力・ガス・食料品等価格高騰緊急支援給付金申請開始
11月7日　新型コロナ新規感染者数1週間平均、全都道府県で増加

11月25日　「全国旅行支援」年明け以降も継続へ
11月30日　10月の外国人宿泊者数、前年の7倍近くに
12月　総務省統計局の消費者物価指数前年同月比上昇率が4％まで拡大
12月1日　雇用調整助成金の特例措置 原則通常に

相談内容や相談者の属性の傾向は前回までと変化はなかった。特に目立ったのは分類できないその他の相談で112件（28％）がこれに当たる。「なんでも」相談会と銘打っているため、当相談会には様々な相談が寄せられ、コロナ災害とまったく関係のない相談も一定数あったが、終盤にかけて相談者の抱える問題が重層化しすぎて、主訴を特定できないものが特に増えてきた印象がある。

国としては感染者数が増加していてもコロナ禍脱却の方向へと政策を進めており、すでに利用できる制度がなくなってしまった中で、多くの人が物価高騰や光熱費の負担増に苦しみ、生活保護費や年金の引上げやさらなる支援制度を求めていた。

相談員としては「それを国に伝えます」としか言うことができず、苦い終局となったが、引き続き生活困窮への取り組みを続けていくことが必要だと感じられた最終回でもあった。

まとめ

17回の記録を当時の出来事とともに眺めていくと、コロナ以前より経済的に不安定であった層が、コロナ禍で追い詰められ困窮している姿が浮かび上がり、この国の制度に問題があることをあらためて感じた。

緊急的に始まったこの相談会であったが、その中でもデータを続けて取っていくことで、コロナ禍が長引く中、

マスコミ等へのデータ提供や当事者の方のご紹介、政策提言を行うことができた。

このような取り組みの一員となれたことを誇りに思うとともに、ご協力いただいた各会場の運営担当者の方々に感謝を申し上げたい。

第9回		第10回		第11回		第12回		第13回		第14回		第15回		第16回		第17回		各回平均
8月21日		10月23日		12月18日		2022年 2月19日		4月23日		6月11日		8月27日		10月22日		12月17日		
874		229		288		944		486		515		499		774		401		（総合計 15,125）
31		29		28		26		25		28		25		24		26		
42		41		38		35		35		38		35		32		37		
94		96		92		81		90		89		85		78		92		
322		270		291		243		258		238		251		219		242		
472	54.5%	118	52.7%	150	54.9%	554	60.4%	291	60.4%	276	56.7%	257	58.8%	404	54.2%	194	49.9%	55.7%
393	45.4%	106	47.3%	122	44.7%	361	39.4%	191	39.6%	211	43.3%	180	41.2%	342	45.8%	195	50.1%	43.7%
1	0.1%	0	0.0%	1	0.4%	2	0.2%	0	0.0%	0	0.0%	0	0.0%	0	0.0%	0	0.0%	0.6%
866	100.0%	224	100.0%	273	100.0%	917	100.0%	482	100.0%	487	100.0%	437	100.0%	746	100.0%	389	100.0%	
1	0.2%	0	0.0%	1	0.5%	0	0.0%	1	0.3%	0	0.0%	1	0.3%	0	0.0%	0	0.0%	0.2%
13	2.0%	3	1.6%	5	2.3%	13	1.8%	4	1.1%	3	0.8%	3	0.9%	5	0.8%	3	1.0%	2.2%
50	7.8%	25	13.5%	16	7.2%	32	4.5%	21	5.6%	16	4.1%	16	4.6%	22	3.5%	12	3.9%	6.2%
102	15.9%	40	21.6%	38	17.1%	96	13.6%	47	12.4%	51	13.2%	41	11.7%	43	6.9%	26	8.4%	14.9%
183	28.5%	65	35.1%	72	32.4%	184	26.1%	94	24.9%	83	21.5%	86	24.5%	111	17.7%	71	23.0%	26.0%
167	26.1%	23	12.4%	58	26.1%	162	23.0%	93	24.6%	99	25.6%	97	27.6%	162	25.9%	82	26.5%	23.9%
125	19.5%	29	15.7%	32	14.4%	218	30.9%	118	31.2%	134	34.7%	107	30.5%	283	45.2%	115	37.2%	26.6%
641	100.0%	185	100.0%	222	100.0%	705	100.0%	378	100.0%	386	100.0%	351	100.0%	626	100.0%	309	100.0%	
94	12.6%	20	10.0%	17	6.4%	88	10.9%	40	9.1%	36	8.6%	37	9.1%	28	4.4%	7	2.0%	10.2%
4	0.5%	1	0.5%	3	1.1%	1	0.1%	1	0.2%	1	0.2%	2	0.5%	2	0.3%	0	0.0%	0.6%
38	5.1%	6	3.0%	10	3.8%	44	5.4%	11	2.5%	7	1.7%	7	1.7%	8	1.3%	3	0.9%	5.1%
5	0.7%	0	0.0%	1	0.4%	6	0.7%	0	0.0%	2	0.5%	2	0.5%	5	0.8%	0	0.0%	0.5%
81	10.9%	26	13.0%	21	7.9%	68	8.4%	26	5.9%	16	3.8%	25	6.1%	16	2.5%	17	4.9%	8.5%
128	17.2%	37	18.5%	45	17.0%	163	20.2%	68	15.4%	69	16.4%	56	13.7%	71	11.1%	45	13.0%	19.6%
87	11.7%	24	12.0%	27	10.2%	110	13.6%	53	12.0%	51	12.1%	46	11.3%	53	8.3%	33	9.5%	13.3%
15	2.0%	5	2.5%	10	3.8%	24	3.0%	8	1.8%	7	1.7%	6	1.5%	13	2.0%	7	2.0%	2.8%
24	3.2%	7	3.5%	7	2.6%	24	3.0%	7	1.6%	8	1.9%	4	1.0%	3	0.5%	4	1.2%	3.2%
2	0.3%	1	0.5%	1	0.4%	5	0.6%	0	0.0%	3	0.7%	0	0.0%	2	0.3%	1	0.3%	0.5%
61.2%		58.7%		68.2%		70.6%		72.3%		81.2%		69.1%		81.6%		72.6%		70.3%
19	2.5%	6	3.0%	5	1.9%	11	1.4%	8	1.8%	8	1.9%	16	3.9%	11	1.7%	10	2.9%	2.9%
88	11.8%	10	5.0%	18	6.8%	83	10.3%	46	10.4%	28	6.7%	41	10.0%	63	9.9%	32	9.2%	8.3%
289	38.7%	94	47.0%	145	54.7%	344	42.6%	241	54.6%	254	60.3%	222	54.4%	433	68.0%	232	67.1%	45.4%
				43	16.2%	121	15.0%	49	11.1%	43	10.2%	42	10.3%	37	5.8%	30	8.7%	11.0%
				103	38.9%	223	27.6%											33.2%
								123	27.9%	125	29.7%	100	24.5%	224	35.2%	130	37.6%	31.0%
								69	15.6%	86	20.4%	80	19.6%	172	27.0%	72	20.8%	20.7%
746	100.0%	200	100.0%	265	100.0%	808	100.0%	441	100.0%	421	100.0%	408	100.0%	637	100.0%	346	100.0%	

コロナなんでも電話相談会相談件数等一覧表

	回数	第1回		第2回		第3回		第4回		第5回		第6回		第7回		第8回	
	実施日	2020年 4月18・19日		6月6日		8月8日		10月10日		12月19日		2021年 2月20日		4月24日		6月12日	
	総相談件数	5009		1217		246		782		522		716		669		954	
開催規模	開催地域（都道府県）	25		47		41		37		37		34		31		29	
	開催会場	31		95		72		49		58		46		42		38	
	電話回線	125		197		135		110		124		105		106		93	
	相談員数	598		772		504		393		418		327		344		313	
性別	男			588	49.3%	116	47.3%	437	56.8%	300	59.6%	405	56.8%	399	60.2%	559	58.8%
	女			528	44.3%	128	52.2%	327	42.5%	203	40.4%	307	43.1%	260	39.2%	389	40.9%
	ほか			76	6.4%	1	0.4%	5	0.7%	0	0.0%	1	0.1%	4	0.6%	3	0.3%
	総数			1192	100.0%	245	100.0%	769	100.0%	503	100.0%	713	100.0%	663	100.0%	951	100.0%
年代別	10代	15	0.5%	1	0.1%	1	0.5%	5	0.8%	0	0.0%	2	0.4%	2	0.4%	1	0.1%
	20代	98	3.5%	21	2.5%	11	5.7%	17	2.6%	13	3.3%	19	3.5%	14	2.7%	14	1.8%
	30代	180	6.4%	47	5.6%	14	7.3%	37	5.7%	26	6.6%	33	6.1%	41	7.9%	37	4.8%
	40代	471	16.6%	125	15.0%	41	21.4%	110	17.1%	69	17.6%	97	17.9%	90	17.4%	71	9.2%
	50代	682	24.1%	225	27.0%	52	27.1%	193	30.0%	106	27.0%	137	25.3%	129	25.0%	176	22.8%
	60代	809	28.6%	201	24.1%	39	20.3%	131	20.3%	101	25.7%	109	20.1%	111	21.5%	212	27.5%
	70代〜	576	20.3%	214	25.7%	34	17.7%	151	23.4%	78	19.8%	144	26.6%	130	25.1%	261	33.8%
	総数	2831	100.0%	834	100.0%	192	100.0%	644	100.0%	393	100.0%	541	100.0%	517	100.0%	772	100.0%
職業・地位別	自営業	582	18.3%	92	9.9%	24	10.7%	93	12.3%	47	11.1%	101	15.6%	66	11.5%	90	10.3%
	家族従事者					3	1.3%	20	2.6%	1	0.2%	3	0.5%	6	1.0%	4	0.5%
	フリーランス（個人事業主）	462	14.6%	101	10.9%	20	8.9%	41	5.4%	14	3.3%	30	4.6%	49	8.6%	39	4.5%
	会社役員					0	0.0%	11	1.5%	3	0.7%	7	1.1%	6	1.0%	1	0.1%
	正社員	216	6.8%	123	13.3%	28	12.4%	60	7.9%	58	13.6%	75	11.6%	57	10.0%	54	6.2%
	非正規労働者（以下4つの計）	559	17.6%	315	34.0%	68	30.2%	169	22.4%	131	30.8%	130	20.1%	100	17.5%	164	18.8%
	パート・アルバイト	317	10.0%	212	22.9%	48	21.3%	121	16.0%	76	17.9%	82	12.7%	59	10.3%	118	13.5%
	契約社員	103	3.2%	39	4.2%	10	4.4%	13	1.7%	18	4.2%	25	3.9%	17	3.0%	20	2.3%
	派遣	139	4.4%	64	6.9%	10	4.4%	29	3.8%	30	7.1%	19	2.9%	20	3.5%	22	2.5%
	嘱託					0	0.0%	6	0.8%	7	1.6%	4	0.6%	4	0.7%	4	0.5%
	非正規／正規+非正規	72.1%		71.9%		70.8%		73.8%		69.3%		63.4%		63.7%		75.2%	
	ほか	220	6.9%	63	6.8%	7	3.1%	17	2.2%	7	1.6%	12	1.9%	13	2.3%	23	2.6%
	不明					20	8.9%	59	7.8%	21	4.9%	53	8.2%	31	5.4%	81	9.3%
	非該当（無職）	1133	35.7%	233	25.1%	55	24.4%	286	37.8%	143	33.6%	235	36.4%	244	42.7%	418	47.8%
	うちコロナで失職																
	うちもともと無職																
	うちコロナの影響なし																
	うちコロナの影響不明																
	総数	3172	100.0%	927	100.0%	225	100.0%	756	100.0%	425	100.0%	646	100.0%	572	100.0%	874	100.0%

第9回		第10回		第11回		第12回		第13回		第14回		第15回		第16回		第17回		各回平均
8月21日		10月23日		12月18日		2022年 2月19日		4月23日		6月11日		8月27日		10月22日		12月17日		
874		229		288		944		486		515		499		774		401		（総合計 15,125）
200	68.5%	64	66.7%	89	76.1%	236	69.6%	121	66.9%	132	63.8%	117	65.0%	187	62.5%	127	70.2%	65.8%
66	22.6%	25	26.0%	21	17.9%	81	23.9%	43	23.8%	65	31.4%	52	28.9%	100	33.4%	48	26.5%	25.5%
18	6.2%	5	5.2%	6	5.1%	13	3.8%	15	8.3%	6	2.9%	7	3.9%	8	2.7%	4	2.2%	4.8%
4	1.4%	1	1.0%	1	0.9%	6	1.8%	2	1.1%	3	1.4%	3	1.7%	3	1.0%	0	0.0%	1.7%
2	0.7%	1	1.0%	0	0.0%	2	0.6%	0	0.0%	1	0.5%	0	0.0%	1	0.3%	0	0.0%	1.4%
2	0.7%	0	0.0%	0	0.0%	1	0.3%	0	0.0%	0	0.0%	1	0.6%	0	0.0%	2	1.1%	0.8%
292	100.0%	96	100.0%	117	100.0%	339	100.0%	181	100.0%	207	100.0%	180	100.0%	299	100.0%	181	100.0%	
71	28.4%	24	24.5%	29	21.2%	110	37.9%	49	36.8%	67	38.5%	47	40.2%	77	38.5%	51	40.8%	25.1%
33	13.2%	12	12.2%	13	9.5%	20	6.9%	3	2.3%	3	1.7%	5	4.3%	3	1.5%	4	3.2%	8.5%
4	1.6%	7	7.1%	4	2.9%	3	1.0%	2	1.5%	5	2.9%	2	1.7%	5	2.5%	0	0.0%	2.6%
1	0.4%	1	1.0%	7	5.1%	7	2.4%	4	3.0%	4	2.3%	2	1.7%	11	5.5%	2	1.6%	2.7%
109	43.6%	44	44.9%	53	38.7%	140	48.3%	58	43.6%	79	45.4%	56	47.9%	96	48.0%	57	45.6%	38.9%
33	13.2%	13	13.3%	18	13.1%	34	11.7%	19	14.3%	32	18.4%	14	12.0%	23	11.5%	22	17.6%	13.1%
15	6.0%	3	3.1%	11	8.0%	24	8.3%	6	4.5%	4	2.3%	8	6.8%	8	4.0%	11	8.8%	5.4%
55	22.0%	18	18.4%	31	22.6%	62	21.4%	41	30.8%	47	27.0%	30	25.6%	54	27.0%	29	23.2%	22.9%
250	100.0%	98	100.0%	137	100.0%	290	100.0%	133	100.0%	174	100.0%	117	100.0%	200	100.0%	125	100.0%	
352	40.8%	114	44.2%	158	50.2%	462	50.3%	207	44.6%	230	45.2%	186	42.0%	402	53.7%	183	46.3%	44.9%
151	17.5%	63	24.4%	77	24.4%	133	14.5%	69	14.9%	74	14.5%	85	19.2%	123	16.4%	63	15.9%	17.7%
						48	5.2%	41	8.8%	68	13.4%	36	8.1%	85	11.3%	42	10.6%	9.6%
164	19.0%	43	16.7%	77	24.4%	239	26.0%	83	17.9%	69	13.6%	38	8.6%	87	11.6%	31	7.8%	19.4%
44	5.1%	16	6.2%	18	5.7%	37	4.0%	20	4.3%	32	6.3%	14	3.2%	28	3.7%	10	2.5%	5.7%
19	2.2%	4	1.6%	6	1.9%	12	1.3%	6	1.3%	11	2.2%	4	0.9%	7	0.9%	3	0.8%	2.1%
9	1.0%	3	1.2%	2	0.6%	8	0.9%	6	1.3%	3	0.6%	1	0.2%	2	0.3%	1	0.3%	1.1%
47	5.4%	25	9.7%	28	8.9%	47	5.1%	25	5.4%	35	6.9%	38	8.6%	43	5.7%	23	5.8%	6.0%
89	10.3%	21	8.1%	27	8.6%	92	10.0%	43	9.3%	47	9.2%	44	9.9%	36	4.8%	27	6.8%	12.4%
28	3.2%	5	1.9%	8	2.5%	24	2.6%	11	2.4%	10	2.0%	13	2.9%	12	1.6%	2	0.5%	3.0%
18	2.1%	10	3.9%	12	3.8%	26	2.8%	10	2.2%	23	4.5%	18	4.1%	16	2.1%	19	4.8%	3.0%
99	11.5%	18	7.0%	14	4.4%	61	6.6%	30	6.5%	35	6.9%	37	8.4%	49	6.5%	19	4.8%	6.1%
186	21.6%	49	19.0%	50	15.9%	169	18.4%	118	25.4%	97	19.1%	93	21.0%	163	21.8%	112	28.4%	19.4%
863	100.0%	258	100.0%	315	100.0%	918	100.0%	464	100.0%	509	100.0%	443	100.0%	749	100.0%	395	100.0%	
106	45.1%	28	36.4%	40	40.4%	72	25.7%	40	31.3%	41	32.8%	38	32.5%	104	48.6%	33	31.1%	34.6%
56	23.8%	15	19.5%	20	20.2%	83	29.6%	40	31.3%	31	24.8%	31	26.5%	56	26.2%	34	32.1%	27.1%
62	26.4%	29	37.7%	36	36.4%	82	29.3%	30	23.4%	34	27.2%	33	28.2%	41	19.2%	24	22.6%	27.2%
11	4.7%	5	6.5%	3	3.0%	38	13.6%	17	13.3%	16	12.8%	10	8.5%	10	4.7%	10	9.4%	9.3%
0	0.0%	0	0.0%	0	0.0%	5	1.8%	1	0.8%	3	2.4%	5	4.3%	3	1.4%	5	4.7%	1.8%
235	100.0%	77	100.0%	99	100.0%	280	100.0%	128	100.0%	125	100.0%	117	100.0%	214	100.0%	106	100.0%	

	回数	第1回		第2回		第3回		第4回		第5回		第6回		第7回		第8回	
	実施日	2020年 4月18・19日		6月6日		8月8日		10月10日		12月19日		2021年 2月20日		4月24日		6月12日	
	総相談件数	5009		1217		246		782		522		716		669		954	
月収別	～10万円	757	55.0%	189	58.5%	79	66.4%	148	59.2%	122	68.9%	179	66.5%	133	66.8%	274	67.5%
	～20万円	291	21.1%	103	31.9%	35	29.4%	49	19.6%	39	22.0%	69	25.7%	51	25.6%	99	24.4%
	～30万円	53	3.8%	20	6.2%	4	3.4%	12	4.8%	14	7.9%	14	5.2%	14	7.0%	11	2.7%
	～40万円	26	1.9%	5	1.5%	1	0.8%	20	8.0%	1	0.6%	6	2.2%	1	0.5%	10	2.5%
	～50万円	162	11.8%	0	0.0%	0	0.0%	18	7.2%	0	0.0%	0	0.0%	0	0.0%	9	2.2%
	50万円～	88	6.4%	6	1.9%	0	0.0%	3	1.2%	1	0.6%	1	0.4%	0	0.0%	3	0.7%
	総数	1377	100.0%	323	100.0%	119	100.0%	250	100.0%	177	100.0%	269	100.0%	199	100.0%	406	100.0%
所持金別	ない			22	11.0%	21	17.2%	39	11.5%	35	13.2%	39	12.5%	39	14.1%	68	15.3%
	～1000円			6	3.0%	3	2.5%	65	19.2%	29	10.9%	58	18.6%	31	11.2%	70	15.7%
	～5000円			7	3.5%	2	1.6%	6	1.8%	18	6.8%	2	0.6%	10	3.6%	13	2.9%
	～1万円			2	1.0%	3	2.5%	5	1.5%	17	6.4%	5	1.6%	14	5.1%	9	2.0%
	1万円以下の合計			37	18.5%	29	23.8%	115	33.9%	99	37.4%	104	33.3%	94	33.9%	160	36.0%
	～10万円			43	21.5%	21	17.2%	32	9.4%	21	7.9%	24	7.7%	27	9.7%	46	10.3%
	～20万円			17	8.5%	7	5.7%	16	4.7%	9	3.4%	18	5.8%	10	3.6%	14	3.1%
	20万円～			66	33.0%	36	29.5%	61	18.0%	37	14.0%	62	19.9%	52	18.8%	65	14.6%
	総数			200	100.0%	122	100.0%	339	100.0%	265	100.0%	312	100.0%	277	100.0%	445	100.0%
相談分野別	生活費問題	2273	48.3%	552	41.5%	116	39.7%	362	38.8%	159	31.4%	300	42.1%	276	43.9%	567	60.4%
	うち生活保護（未受給／申請中）			143	10.8%	32	11.0%	162	17.4%	97	19.1%	134	18.8%	132	21.0%	213	22.7%
	うち生活保護（受給済み）																
	うち給付金・助成金	1258	26.8%	306	23.0%	62	21.2%	123	13.2%	77	15.2%	140	19.6%	169	26.9%	365	38.9%
	住宅問題	234	5.0%	92	6.9%	21	7.2%	62	6.6%	55	10.8%	35	4.9%	49	7.8%	54	5.8%
	うち家賃滞納			32	2.4%	5	1.7%	24	2.6%	19	3.7%	14	2.0%	35	5.6%	19	2.0%
	うち住宅ローン			17	1.3%	0	0.0%	17	1.8%	17	3.4%	13	1.8%	14	2.2%	14	1.5%
	債務問題	139	3.0%	33	2.5%	12	4.1%	67	7.2%	38	7.5%	38	5.3%	41	6.5%	41	4.4%
	労働問題（被用者）	669	14.2%	346	26.0%	77	26.4%	133	14.3%	102	20.1%	99	13.9%	72	11.4%	61	6.5%
	事業問題（事業者）							45	4.8%	26	5.1%	39	5.5%	30	4.8%	26	2.8%
	家庭問題	95	2.0%	35	2.6%	4	1.4%	39	4.2%	17	3.4%	23	3.2%	14	2.2%	19	2.0%
	健康問題	257	5.5%	55	4.1%	12	4.1%	62	6.6%	32	6.3%	42	5.9%	37	5.9%	29	3.1%
	その他	1035	22.0%	216	16.3%	50	17.1%	163	17.5%	78	15.4%	137	19.2%	110	17.5%	142	15.1%
	総数	4702	100.0%	1329	100.0%	292	100.0%	933	100.0%	507	100.0%	713	100.0%	629	100.0%	939	100.0%
国の施策への評価	全く評価しない	558	40.6%	171	26.0%	34	27.4%	75	30.7%	60	41.1%	79	32.1%	72	36.0%	96	30.0%
	評価しない	234	17.0%	246	37.4%	51	41.1%	54	22.1%	34	23.3%	68	27.6%	59	29.5%	91	28.4%
	どちらともいえない	139	10.1%	166	25.3%	30	24.2%	90	36.9%	42	28.8%	63	25.6%	61	30.5%	99	30.9%
	評価する	377	27.4%	65	9.9%	8	6.5%	22	9.0%	7	4.8%	31	12.6%	6	3.0%	29	9.1%
	高く評価する	66	4.8%	9	1.4%	1	0.8%	3	1.2%	3	2.1%	5	2.0%	2	1.0%	5	1.6%
	総数	1374	100.0%	657	100.0%	124	100.0%	244	100.0%	146	100.0%	246	100.0%	200	100.0%	320	100.0%

【コラム2】

3年間、相談票の入力作業を担当して思うこと

濱田恵美（仮名、シンママ大阪応援団）

２０２０年８月の相談会から、貧困研究会の後藤広史さんに相談内容の分析をしていただけることになったため、全国から集めた相談票の原票に記載された全ての内容をエクセルに逐一入力する作業を２人の方に担当していただいた。ご自身もシングルマザー当事者であり、誰よりも多くの相談内容を目にし続けてきた方に、何を感じたか、書いていただいた。

なんでも相談会の入力を担当し、この３年間で、もともと困窮している人がより困難な状況になっていることを感じた。

緊急や、今後も継続するといった内容の相談に加え、「話したいだけ」という内容も多くあった。また、成人した子どもに悩む人が多くいることが印象的だった。

■１年目（２０２０年）

- 感染や濃厚接触者となり、勤務できないことからの収入の不安
- 家族内で順番に感染のため、１か月以上等長期の欠勤となってしまう
- 特別定額給付金は評価高いものの、貸し付けについては、抵抗を感じる人が目立った
- 役所や政治への不信感や怒り
- 生活保護への抵抗

・情報不足（テレビ等一方通行な情報源のみ）
・職場の問題の浮き彫り（労働保険未加入、退職時に会社都合にしてもらえない等）

■2年目（2021年）
・オリンピック開催に対する不満
・ワクチンに対する不安（いつから打てるのか等）
・給付金関係や、保健所に電話がつながらない不安（つながったとしてもたらいまわし）
・特別定額給付金・持続化給付金の再支給希望
・各種給付・助成制度に対し、収入制限や業種限定等で、不公平感からくる不満増
・家賃滞納・公共料金滞納が増えた
・離職や雇止め、シフト減、賞与・残業代カットにより生活困難（基本給のみでは生活できない賃金）
・すべての制度を使い終えてもなお困窮している
・各制度の「世帯」というくくりへの不満
・Ｇｏ Ｔｏキャンペーンへの不満（生活困難者は使えず不満が強い）

■3年目（2022年）
・ワクチンの副反応、コロナ罹患後の後遺障害の不安
・（安倍元首相）国葬への不満
・支払い猶予してもらっていた光熱費や携帯電話料金の期限が過ぎ、まとまった請求により苦しむ
・物価高騰・光熱費（特に電気代）の高騰
・生活保護費では生活できない

・医療を受けることも我慢している。でも頑張っているのにあてはまる制度がないという声
・食料支援が受けたい
・親の死亡により、主収入である親の年金がなくなることへの不安
・公的保険料の高さ、保険料・税金滞納からの差し押さえ、年金額の低さの相談増
・医療費負担増
・給付金等の対象外で、非課税者・ひとり親・子どもに対する不満
・若い人だけでなく、70代以上（なかには80代）の高齢者の求職、働きたいけれど働く場がない（生活のためのお金が不足）
・物価高騰の給付金の問い合わせが多く、それだけに困っている人が多いことがわかる（「老後2000万円問題」以前の問題）
・普通の生活すら困難（自己破産しても生活保護を受けてもまともに生活ができない）

この3年で、仕事を失いそう→お金がない→食べ物がない、と環境が悪化し、生活苦から他者への不満が増え、治安悪化や自殺と、悪循環が起こっていると想像する。また、孤独を感じている人が多いことを実感した。

入力をし始めたところ、相談事を読むことで気分が落ち、連続して入力することが困難であった。私自身も生活が楽ではないが、不満を言いたくない、ではどうすればいいのかと、自分の考え方が変化していることに気づけた。

また、相談員も担当したが、一つの相談に対して、他の相談員が一緒になって、どうすれば解決にむかえるかを考えるという光景を見た。「生活を良くしていこう」という考えの元で相談に対応しており、良い刺激となった。相談終了時にお礼の言葉を聞けることが多くあり、とても温かい気持ちを感じた。

今回の経験により、私のメンタルが強くなったと感じ、とても感謝している。

「生活保護を受けているくせに文句を言うな」という言葉が多くあった。不満を口にしたり耳にすると、やる気が失せたり、怒りが出てくるのではと考える。意欲を失わないためにも〝不満〟を減らすことが優先だと思う。高齢者も子育て世代も、全ての人が安心して暮らせること、つまり最低限の満たしがあれば不満が減り、気分を悪くする要因が減った働ける世代は、より身体が動く良い循環ができるのではないか。不満が減る世の中へと願うばかりである。

第2部

浮き彫りになった課題・国の支援策とその問題点・私たちの提言

相談結果をふまえ厚生労働省等に申入れと懇談を行った。（2020年6月17日）

第３章

労働分野で浮き彫りになったこと

仲野 智（全労連）

はじめに

「コロナなんでも電話相談会」は、電話相談という形式だったためか、17回とも年齢層が高く（50～70代で約3／4）、相談内容も生活問題が大半となっていた。そのため、労働分野の相談に関しても生活問題に比べれば多くはなく、また、20～50代までのいわゆる現役世代からの相談は全体を通じて多くなかった。

職業の回答があった人の職業・地位別の割合は表1のようになっている（不明・無職・無回答除く）。

職業・地位別で「不明」や「無職」になっている人でも、「コロナで仕事が見つからない（仕事を辞めた）。生活が苦しい。生活保護は受けたくない」などのように生活相談でカウントされていても労働相談の要素も含む複合的な相談が多くあり、そのような回答は1回目（2020.4）から最後の17回目（2022.12）まで続いた。

これらのなかで、労働分野で現れた特徴的な事例について紹介していく。

1 寄せられた声から浮き彫りになった課題――雇用の劣化が深刻な事態を招いた

1995年に日経連（当時）が「新時代の日本的経営」を報告してから、それまでの正社員が基本だった日本型雇用形態が破壊されてきたのは周知の事実である。今やフルタイムで働く非正規雇用労働者も当たり前のようになり、雇用労働者の4割を非正規労働者が占めるまでになった。あわせて、「雇用によらない働き方」が推進され、ますます非正規（無権利）で働く労働者が増えている。

大企業が雇用責任を投げ捨てる「雇用の流動化」は、リーマンショック時の派遣切りのようにしばしば問題になっている。私たち労働組合の日常的な労働相談でも多数寄せられており、コロナ禍が始まった2020年の労働相談ではコロナに関係する相談が多数寄せられている。

この「雇用の流動化」による問題点がコロナ禍でもあらためて浮き彫りになった。

(1) フリーランス・派遣など雇用によらない働き方の危険性

第1回目の相談会が最初の緊急事態宣言が出されてすぐの時期で、中小企業や個人事業主に対する「持続化給付金」（中小企業200万円、個人事業主100万円）を実施することが発表された直後だったこともあり、労働分野の相談は、職業・地位別では、自営業者32・0%、フリーランス25・4%と、第2回（2020.6）以降と比べても自営業者やフリーランスの人から多くの相談があった。

自営業者からは緊急事態宣言下で休業要請の対象業務である事業主を対象とした「持続化給付金」について、その内容・対象などについての相談が多数寄せられ、第1回（2020.4）の労働分野の相談内容の中心であった。

第9回		第10回		第11回		第12回		第13回		第14回		第15回		第16回		第17回	
21.8月		21.10月		21.12月		22.2月		22.4月		22.6月		22.8月		22.10月		22.12月	
94	26.9%	20	15.7%	17	12.0%	88	16.5%	40	20.1%	36	18.0%	37	20.0%	28	13.9%	7	6.0%
4	1.1%	1	0.8%	3	2.1%	1	0.2%	1	0.5%	1	0.5%	2	1.1%	2	1.0%	0	0.0%
38	10.9%	6	4.7%	10	7.0%	44	8.3%	11	5.5%	7	3.5%	7	3.8%	8	4.0%	3	2.6%
5	1.4%	0	0.0%	1	0.7%	6	1.1%	0	0.0%	2	1.0%	2	1.1%	5	2.5%	0	0.0%
81	23.1%	26	20.5%	21	14.8%	68	12.8%	26	13.1%	16	8.0%	25	13.5%	16	8.0%	17	14.5%
128	36.6%	37	29.1%	45	31.7%	163	30.6%	68	34.2%	69	34.5%	56	30.3%	71	35.3%	45	38.5%
87	24.9%	24	18.9%	27	19.0%	110	20.6%	53	26.6%	51	25.5%	46	24.9%	53	26.4%	33	28.2%
15	4.3%	5	3.9%	10	7.0%	24	4.5%	8	4.0%	7	3.5%	6	3.2%	13	6.5%	7	6.0%
24	6.9%	7	5.5%	7	4.9%	24	4.5%	7	3.5%	8	4.0%	4	2.2%	3	1.5%	4	3.4%
2	0.6%	1	0.8%	1	0.7%	5	0.9%	0	0.0%	3	1.5%	0	0.0%	2	1.0%	1	0.9%
342	100.0%	90	100.0%	97	100.0%	370	100.0%	146	100.0%	127	100.0%	129	100.0%	130	100.0%	72	100.0%

り、収入が半減した。給付金を受けたい。(2020.4)

◆ダブルワークの一つの結婚式等でのクラシックの演奏（業務委託）が全てキャンセル。(2020.4)

◆一家で音楽家だが、今月も50か所以上仕事がキャンセルになって収入が激減。(2020.4)

◆車で弁当の移動販売をしているが、街のどこに行っても人がいないので赤字続きで生活できない。(2020.4)

◆書道教室を市民センター3か所でやっている。しかし、2か所使えなくなり、4月の収入はゼロ。(2020.4)

他方で、場所を借りて事業を行っていたイベント関係の労働者やスポーツインストラクター、塾や予備校の講師などのフリーランスの労働者などから、その仕事場(百貨店、スポーツジム、サウナ、ホテルなど)が休業に入ったことで仕事がなくなったとの相談も多く寄せられた。

◆イベント関係のフリーランス。仕事がまったくなく

表1 相談者の職業・地位別割合

	第1回		第2回		第3回		第4回		第5回		第6回		第7回		第8回	
	20.4月		20.6月		20.8月		20.10月		20.12月		21.2月		21.4月		21.6月	
自営業者	582	32.0%	92	14.6%	24	11.4%	93	16.5%	47	18.5%	101	21.2%	66	17.2%	90	17.4%
家庭従事者	0	0.0%	0	0.0%	3	1.4%	20	3.6%	1	0.4%	3	0.6%	6	1.6%	4	0.8%
フリーランス	462	25.4%	101	16.0%	20	9.5%	41	7.3%	14	5.5%	30	6.3%	49	12.8%	39	7.6%
会社役員	0	0.0%	0	0.0%	0	0.0%	11	2.0%	3	1.2%	7	1.5%	6	1.6%	1	0.2%
正社員	216	11.9%	123	19.5%	28	13.3%	60	10.7%	58	22.8%	75	15.8%	57	14.8%	54	10.5%
非正規	559	30.7%	315	49.9%	68	32.2%	169	30.0%	131	51.6%	130	27.3%	100	26.0%	164	31.8%
パート・アルバイト	317	17.4%	212	33.6%	48	22.7%	121	21.5%	76	29.9%	82	17.2%	59	15.4%	118	22.9%
契約社員	103	5.7%	39	6.2%	10	4.7%	13	2.3%	18	7.1%	25	5.3%	17	4.4%	20	3.9%
派遣	139	7.6%	64	10.1%	10	4.7%	29	5.2%	30	11.8%	19	4.0%	20	5.2%	22	4.3%
嘱託	0	0.0%	0	0.0%	0	0.0%	6	1.1%	7	2.8%	4	0.8%	4	1.0%	4	0.8%
合計	1819	100.0%	631	100.0%	143	100.0%	394	100.0%	254	100.0%	346	100.0%	284	100.0%	352	100.0%

なった。持続化給付金について知りたい。(2020.4)
◆フリーのデザイナー。仕事のキャンセルが増えている。持続化給付金について知りたい。(2020.4)
◆フリーランスのカメラマンだが、3月から仕事が激減。持続化給付金について知りたい。(2020.4)
◆ヨガ講師(フリーランス)3月は教室閉鎖で収入ゼロ。(2020.4)

(2) 正規と非正規との待遇・保障の格差

①正規と非正規の待遇格差が浮き彫りに

各回とも、職業・地位別では非正規労働者(パート、アルバイト、契約社員、派遣、嘱託)からの相談が多くあった。会社役員・正社員・非正規の直接雇用でみると6割から8割がパート・アルバイト等の非正規労働者からの相談であり、ここにフリーランスの労働者も加えた不安定雇用労働者の比率でみると、2020年6月(第2回)は95・0%、2020年8月(第3回)91・7%と初期の頃は非正規やフリーランスからの相談が労働分野の大半を占めていた。

第1回は全国に緊急事態宣言が出された直後であり、

感染防止対策への理解も不十分なもと、会社の混乱がそのまま労働者への混乱へとつながっていた。

◆デイサービスに派遣で勤めている。施設は正規職員を休ませ、派遣社員に業務が集中し、入浴介助というコロナ感染度が強い仕事を全てやらされており感染の不安がある。派遣社員にばかり危険な仕事をさせるのはおかしい。（2020.4）

上記のように、緊急事態宣言下で正規職員はリモートワークに移行していっているにもかかわらず、「非正規職員は出勤を命じられる」「休業補償も非正規にはない」などの差別的な扱いについての相談も多数寄せられた。第１回（2020.4）、第２回（2020.6）では感染症対策などの理解も進んでいなかったため、「コールセンターでは仕切りもなく密になっている」「感染していなければ出勤できるから検査はするなと言われた」などの相談もあった。

雇用調整助成金の特例措置で財源は国庫負担で補償され、雇用調整助成金の対象が広がったり、非正規の人たちが個人でも申請できるようになったりと、手続きの改善なども行われていったが、非正規労働者からの「シフトが削られたが補償がない」などの相談は最後まで続いた。手続きで企業側が休業の証明に同意しないなど、非正規労働者への休業補償をかたくなに拒む企業側の姿勢が目についた。

◆チェーンの居酒屋でパート勤務。本部が一斉休業を決めたが閉店期間中の有休利用が認められず休業手当もないと言われた。（2020.4）

◆市立学校の学校給食調理の契約社員（月15日勤務）、雇用保険に入っていない。５月６日まで休校になり、無給に

なると言われた。(2020.4)
◆昼と夜にそれぞれ飲食店でパートをしている。夜の日本料理店はもう予約がないので、休んでほしいと言われ、昼の飲食店のパートも週2回に減らされた。休業手当の話もなく、このままでは家賃の支払いもできない。今、他の仕事を探しているが、なかなかなく、朝8時から清掃の仕事に週5回出る予定。(2020.4)
◆ホテルのベッドメイキングのパートをしていたが、1月以降シフトが激減。コロナ前は月10万円ほどの収入だったが今はほとんどない。生命保険を解約し手取りは6万円。(2020.6)
◆パートだが、正社員と差別され、休みを大きく増やされ、給料は無給にされている。(2020.8)
◆1日5時間月15回程度の契約で仕事をしてきたが、コロナの影響で1日3時間月3回にシフトを減らされた。(2021.2)
◆飲食店でパート勤務だが、コロナで勤務時間が減少したことを理由に雇用保険を除外すると言われた。中小企業じゃないので休業補償は対象外と言われている。(2021.2)

2020年4月からパート・有期法が施行され「不合理な差別は禁止」となった。ちょうどそのタイミングでコロナ禍が始まったが、コロナ禍における対応では「不合理な差別」が現実に存在しており、それが改善されることは最後までなかった。

直接雇用の非正規労働者だけでなく、派遣(請負)労働者も一方的に仕事を奪われている。派遣先も派遣元も休業に責任を持とうとしていないという訴えが寄せられた。

◆登録型の派遣で試食販売員をしている。1年以上の登録期間がある。2月から急激に仕事が減少し、収入も激減している。このままだと、住宅ローンの支払いができなくなる。(2020.4)

◆派遣でホテルで働いている。契約が3月20日までで、その後の契約書が送られてこない。ホテルからは仕事がないと言われている。派遣先に有給休暇の申請をしている。（2020.4）

◆派遣で食品の試食販売をしている。日当８０００円。2月は5日、３月は2日、４月は1日しか勤務がない。休んでくれと言われている。電気代など年金で支払えない。家のローンや保険料も支払えない。（2020.4）

◆派遣元から休むよう指示があったものの、その後、特に連絡がない。（2020.6）

②非正規の解雇・雇止めは多数発生している

政府も雇用調整助成金の特例措置を実施するなど、雇用の維持に向けた対応はとられたため、リーマンショック時の大量派遣切りのような大規模な雇用問題は社会問題にはならなかった。しかし、緊急事態宣言が出されてすぐに雇止めになる相談がなかったわけではない。また、雇用調整助成金の対象となる前提として「労働者を解雇していない」ことがあるため、実際は解雇（雇止め）なのに、「自己都合退職にさせられた」との相談が最後まで寄せられている。

・アルバイトの雇止め

◆ショップモール内店舗でパート勤務していたが7月のシフトに名前がないため（２０２０年）６／30退職。ハローワークや労基署にも相談したが、会社からは解雇ではないと言われ証明書も拒否。（2020.10）

◆40代男性。カラオケ店でアルバイトをしていたが、昨年（２０２０年）４月から休業となり6月にアルバイト全員が解雇された。シフト決まっていた分だけ補償されたが納得がいかない。（2021.2）

◆非正規で10年勤務。無期転換を申し入れたらコロナ禍を理由に雇止めされた。（2021.6）

・派遣の雇止め

◆2年位派遣で働いたが、契約期間中なのにコロナで仕事を切られた（2020.4）
◆派遣で働いていたがコロナで休むように言われ、さらに「辞めて下さい」と言われて了解してしまった。離職票が自己都合退職となっていた。（2020.6）
◆数年間、派遣で働いてきたが、「生産減少により雇用終了」という理由で派遣先との契約が終わり、派遣会社から解雇された。（2020.8）
◆派遣会社に登録しているが、コロナで仕事がなく9月で雇止め。登録しているだけの状態で解雇になっていない。そのため失業給付がもらえず、会社が休業補償の手続きをしてくれない。どこに行っても仕事がない。（2020.10）

厚生労働省の発表では、コロナ禍の最初の1年で、新型コロナウイルス感染拡大に関連した解雇や雇止めは、見込みを含めて累計10万４２５人（２０２１年４／７時点）。

解雇や雇止めの人数を月別でみると、最初の緊急事態宣言が発令中だった２０２０年5月の1万２９４９人が最多。６～９月は1万人前後で推移したが、10月は７５０６人と減少し始め、２０２０年11月～２０２１年２月までは5千人台で推移。しかし、２０２１年３月に入って９２９２人と年度末での雇止めが急増した。

総務省による２０２１年２月の労働力調査でも、就業者数は前年同月に比べ45万人減の６６４６万人。11か月連続の減少とコロナ禍で就業者数は減少し続けた。そのうち非正規の職員・従業員数は２０５２万人。前年同月に比べ１０７万人も減少しており、非正規は12か月連続で減少した。非正規労働者が雇用の調整弁としてコロナの影響をもっとも受けて失業している。

２０２０年の失業は「勤め先や事業の都合による離職」が39万人で２０１９年に比べ18万人の増加。一方で「自発的な離職（自己都合）」は68万人で1万人の減少と、新型コロナウイルスの影響から事業所都合で失業した人が２０２０年は急増していることがわかる。

表2 高年齢層からの相談の割合

	第1回	第2回	第3回	第4回	第5回	第6回	第7回	第8回	第9回
60代	28.6%	24.1%	20.3%	20.3%	25.7%	20.1%	21.5%	27.5%	26.1%
70～	20.3%	25.7%	17.7%	23.4%	19.8%	26.6%	25.1%	33.8%	19.5%
合計	48.9%	49.8%	38.0%	43.7%	45.5%	46.7%	46.6%	61.3%	45.6%

	10回	11回	12回	13回	14回	15回	16回	17回
60代	12.4%	26.1%	23.0%	24.6%	25.6%	27.6%	25.9%	26.5%
70～	15.7%	14.4%	30.9%	31.2%	24.7%	30.5%	45.2%	37.2%
合計	28.1%	40.5%	53.9%	55.8%	50.3%	58.1%	71.1%	63.7%

アルバイトや派遣で働く労働者は雇用保険に加入していない人も多く、一方的な失業になんの収入の補償もない。雇用保険の加入要件の拡大、被保険者期間の短縮など、パート・アルバイト、派遣の人たちでも加入しやすくすることが必要である。

（3）高齢労働者の不安定な生活

なんでも相談会は電話相談という形態だったこともあり、第1回から第17回まで高年齢層からの相談が多かった（表2）。

60代、70代以上の比率が比較的少ない第3回：2020年8月、第10回：2021年10月は50代の相談が27・1％（第3回）、35・1％（第10回）となっており、どの回も年齢層は高かった。

労働分野の相談も例外ではなく、高齢者から「コロナで仕事を失った」「年金だけで生活できず働きたいが仕事が見つからない」との相談が最後まで続いた。

①低年金

◆国民年金6万のほか、教室講師料が8万あったが市民センターが使えず、年金収入しかなく生活が苦しい。（2020.4）

◆代行運転手。３か月休みで収入が年金しかない。（2020.6）
◆70代男性、２０２０年６月に失職し、その後、ハローワークにも行ったがなかなか仕事がなく、妻の年金収入のみで生活が苦しく、借金が３００万ほどある。（2021.6）
◆70代男性、仕事をしたいが見つけるのがとても難しい。生活保護は抵抗がある。（2021.6）
◆60代男性、年金月10万。現在無職。仕事を探すが見つからない。役所に生保相談に行くも「収入（年金）がまだあるから無理」と言われた。（2022.8）
◆60代男性、今年、都会より田舎に移住。ハローワークに通っているが仕事がない。貯蓄を崩しながら生活しているが今後が不安。（2022.8）

そもそも生活できない年金水準が問題である。最低補償年金制度は待ったなしの課題である。そして、生活保護制度を受けやすくすることである。生活保護に関する相談の詳細は次章であらためて述べるが、生活保護の忌避感から低年金ゆえに働かなければいけない労働者をつくっている。

②失業

◆もうすぐ定年を迎えるが、コロナで事業が大変だから雇用延長（再雇用）できないと言われた。正規職員も仕事がなく派遣も切られている。（2020.12）
◆60代女性、コンビニで働いていたが、雇止めになり、年齢のハードルもあり、仕事が見つからない。現状の収入は年金が２か月で28万円のみで生活が苦しい。（2021.4）
◆定年後再雇用で働いていたがコロナでバイトもなくなった。貯金も底をつく。（60代・男性）（2021.4）

◆60代。登録型派遣で働いているが、この半年仕事がなく生活困窮。夫妻で180万円の借金あり。米を友人から援助してもらっている。（2022.8）
◆70代男性。仕事がなく年金だけで生活している。公共料金や家賃を滞納している。職安にも通っているが仕事が見つからない。仕事は調理一筋で30年以上働いてきた。高齢者施設で調理の仕事をしていたが長引くコロナ禍の影響で退職になった。（2022.10）

感染の不安から退職する高齢者、年齢を理由に雇止めにあう労働者など、コロナ禍で失業し、生活の見通しが立たない高齢労働者からの相談は最後まで続いた。

年金問題とあわせ、失業保険の被保険者期間の短縮、所定給付日数および受給期間の延長、「自己都合退職」の受給制限期間の短縮もしくは撤廃など、失業給付の改善も必要である。

③再就職の困難さ

◆60代女性。派遣で働いてきたが7月で仕事が切れ、その後、求職中だが、仕事が見つからない。（2020.10）
◆60代男性、求職中。仕事が見つからない。（2021.10）
◆仕事が決まらず生活が苦しい。（2022.2）
◆60代男性。14年間、部品製造工場に勤めていた。コロナが始まる前に退職して未だに就職できない。ハローワークでは気長に探しましょうと言われているが生活ができない。（2022.6）
◆仕事がなくて困っている。応募しても全部年齢で断られる。ハローワークは仕事を紹介するだけ、就職できるまで責任もってくれる窓口はないのか。（2022.6）

◆60代男性。就職活動しているが見つからない。(2022.12)
◆60代男性。現在仕事をしていない。職を探しているが重労働ばかりで身体が弱いので無理。(2022.12)

コロナ禍の前後に退職したり、コロナ禍で仕事を失った高齢者が2年以上もずっと求職活動をしてきたが仕事が見つからず不安の声を届けてくることが増え、回を追うごとに深刻な相談になっていった。2022年10月の第16回では、その不安(不満)が限界に達したのか、私が受けた相談でも、「ずっと求職活動をしているが誰も責任をもって仕事を探してくれない。殺す気か」とぶつけられたこともあった。

職業訓練や再就職支援などの積極的労働市場政策について日本は十分だとは言えない。ハローワークも登録されている求人情報を示すだけで、就職まで責任をもって対応できていない。そもそも窓口の職員が非正規労働者であるなど体制が不十分である。

就労支援として、2017年に施行された生活困窮者自立支援法に基づく就労支援もある。自立支援事業として生活困窮者の生活・就労など包括的な支援を行うことになっており、ハローワークよりは就労のマッチングまで責任をもって支援する制度となっている。しかし、生活保護受給にいく前の支援制度の側面が多く、生活保護への忌避感からこの制度に辿り着けない労働者も多い。ハローワークでの就労支援の充実が必要である。

◆アルバイトをしていた飲食店が閉店。ハローワークに通うが再就職先が見つからない。再就職先が決まるまでの間、支援を受ける制度はあるか。(60代女性)(2021.6)
◆60代男性。病院の設備などの委託で働いていたがクラスターが増え感染が怖くて2020年10月に退職。仕事が見つからない。生活に困っている。生活を支える制度はないか。(2021.6)
◆50代男性。ホテル受付の仕事をしていたが2年前コロナで解雇。その後、ハローワークに行っているが全然仕事が

見つからない。現在無収入。社協貸付など利用できるものは全て使った。とにかく食料支援先を知りたい。（2022.8）
◆60代男性、単身。年金60万／年。現在、求職中。ハローワークに行っても仕事が見つからない。持病もあり病院代も負担。差し当たっては食料支援を希望。（2022.8）

終盤の相談会では、「子育て世代の支援ばかり、高齢者にもちゃんと支援してほしい」との声も多く寄せられた。つぎはぎによる政府の対応に世代間の分断が持ち込まれていることを感じた。政府は「全世代型」と耳触りのいい言葉を使っているが、子育て世代には子育て世代に対する十分な対応を、高齢者には高齢者への十分な対応をそれぞれ実施することを望む。

④高齢化が進むタクシー運転手

定年退職後の就労としてタクシー運転手になる人が多く、産業全体としてタクシー運転手は高齢者が多い。平均年齢は60代だと言われている。タクシー運転手からの相談も大きなくくりでは高齢労働者の問題とも考えられる。

◆タクシーの運転手として働いている。月収30万円だったが、３月は売上げ減で手取り５万円以下になる。（2020.4）
◆タクシー会社で働いているが、歩合制が減り賃金がほとんどない。他社は隔日勤務にしているが休業命令は出されていない（2020.4）
◆60代男性、元タクシー運転手。コロナが不安で休みを申し出ると解雇。年金は６万／月程度。手持金５万。仕事探

すも無し。（2021.6）

緊急事態宣言が出された2020年の最初のころは社会全体が動きをとめた。そのため、歩合給の割合の高いタクシー運転手から収入が大幅に減ったとの相談が多くあった。その後、タクシー会社側も休業にして雇用調整助成金を活用する例が出てくるようになった。コロナ禍が長期化するなかで、タクシー会社も営業を再開するようになる。しかし、夜の営業の時間短縮など街に人がいない状況では、「営業は再開するけれど利用者がいなくて収入が激減している。休業ではないので何の補償もない」などの相談へと変化していった。

⑤高齢者の生活問題の根本の低年金にある

高齢者の生活問題の根本は今の日本の年金水準が高齢期を豊かに暮らす水準にないことにある。「なんでも相談会」では、生活できない低年金の人からの相談が数多く寄せられた。「生活できない。どうしたらいいか」との相談で「生活保護だけは受けたくない」との回答があれば生活保護のカテゴリーになり、「仕事が見つからない」との回答があれば「労働問題」のカテゴリーになっている。高齢期をどう自分らしく生きるかの選択として働いているのではなく、年金だけでは生活できずやむを得ず働いていた人たちがコロナで真っ先に職を失い、失業が長期化することでますます追い詰められていった。

２　国の支援策とその問題点

（１）自営業者等に対する支援――持続化給付金など

①当初の制度内容

１の（１）で述べたとおり、２０２０年４月の第1回の時は、自営業者やフリーランスの人から相談が殺到した。当時は、持続化給付金の詳細は不明であったが、持続化給付金は個人事業主であれば誰でも受け取れるわけではなく、受け取るためには以下の条件を満たしている必要があった。

1．２０１９年以前から事業により事業収入（売上）を得ており、今後も事業を継続する意思があること（のちに、２０２０年1月1日から3月31日までの間に開業した場合の特例ができた）。

2．２０２０年1月以降、新型コロナウイルス感染症拡大の影響などにより、前年同月比で事業収入が50％以上減少した月があること。

また、手続きには確定申告の書類も必要となっており、フリーランスや非常勤講師などの人で、収入を「雑所得」や「給与所得」として確定申告しているケースについても、事業所得ではないという理由で、持続化給付金の対象から外れていた。

②批判の声と制度の改善

このように支援対象が限定されていたため、相談会には、次のようなフリーランスや創業間もない企業などからの批判的な声が多数寄せられた。

◆フリーランスで音楽教室経営。教室を一定期間閉めざるを得ず、毎月20万円あった収入が半分程度に減少した。貯蓄はあり今すぐ困るということではないが経済的不安はやはり大きい。利用できる制度は無いか。（2020.6）
◆書道教室をしていたが、新型コロナの影響で開催できなくなった。収入がない。（2020.6）
◆フリーランスのピアニストとして市民講座を請け負っていたが、新型コロナウイルスの影響で今年度の講座が全て休止となった。（2020.6）
◆フリーランスのコンサルタント業。持続化給付金を申請しようとしたが、フリーランスは該当しないといわれた。（2020.6）
◆公共施設を借りて子どもたちにスポーツを教えていたがコロナの関係で施設が閉鎖。6月になっても施設が再開せず困っている。（2020.6）
◆フリーランスで音楽セラピーを仕事にしているが、コロナで仕事がなくなり収入が絶たれた。（2020.6）
◆パチンコ店で仕事をしていてコロナの影響で仕事が減った。休業補償を求めると労働者ではないと言われ労基署に相談しても委託なら仕方ないと言われた。（2020.6）

こうした批判の声を受け、経産省は2020年6月から創業間もない企業や主な収入を雑収入で確定申告しているフリーランスも対象に加えることとした。

③なお続くフリーランスの苦境と支援策の終了

フリーランスの人たちの相談は、2回目（2020.6）16・0％、3回目（2020.8）9・5％、4回目（2020.10）7・3％と減っていったものの、長引き繰り返される緊急事態宣言や経済活動が停滞するなか、仕事の再開が見通せなかったり、コロナの影響で仕事がなくなり十分な補償もなく生活に困窮しているなどの相談は最後まで続いた。

◆フリーランス（通訳）で仕事が激減している。（2020.8）
◆フリーランス。コロナで仕事が減少した。何か制度はないか。（2020.8）
◆ツアーガイドだがコロナで仕事がない。資格を生かした仕事をしたい。（2020.8）
◆行政関連の相談センターにて1年契約の業務委託で相談員として働いている。緊急事態宣言期間中に相談窓口が閉まっている間、「雇用ではなく業務委託なので休業手当等は出せない」と言われた。（2021.12）
◆フリーランスのカメラマンだったがコロナ禍で仕事がなくなりもうすぐ貯金が尽きそう。部屋の更新料が払えそうにない。（2022.8）

また、持続化給付金は単発の給付金だったため、「持続化給付金は申請したが他の制度はないのか」の相談も続いていた。

◆フリーランス、コロナで契約解除。生活苦しい。持続化給付金は申請したが他に給付制度はないか。（2020.8）

持続化給付金の申請は２０２１年2月に終了した。

その後も続く緊急事態宣言の再発令と延長に伴う国の支援策として、「月次支援金」（法人20万円・個人10万円）が２０２１年6月から始まった。月次支援金はひと月ごとに要件にあっていれば支給の対象となり、若干の継続性はあったものの、２０２１年の4月以降の「緊急事態措置」または「まん延防止等重点措置」による「飲食店の休業・時短営業」や「外出自粛等」の影響で、売上が50％以上減少した中小法人・個人事業者等となっていて、持続化給付金に比べるとかなり要件が厳しく、使いやすい制度とは言えなかった。

コロナ禍のような非常事態が発生すると真っ先に「雇用によらない働き方」の人たちに影響が出ること、そして、企業側も政府も、派遣労働者や請負労働者、フリーランスの労働者を、「必要な時にだけ利用し、何の権利保障もしなくていい使い捨てできる労働者」としてしか認識しておらず、有事の際でも何の保障も考えていないことがあらためて浮き彫りになった。

緊急事態宣言が繰り返され、繰り返される休業に対する補償を求める声を上げることで、フリーランスの人たちも持続化給付金等の対象にさせるなど制度の改善を実現したが、その制度も継続的・安定的な制度ではなく、コロナ禍から落ち着きを少しずつ取り戻すことで縮小されていった。

平時ではまったくの無権利であり、何かが起こった時には公的な保障が何ひとつない、「雇用によらない働き方」の危険性が浮き彫りになった。

２０２３年の通常国会でフリーランス保護法が制定されたが、仕事の範囲などの取引条件を書面やメールで示すように義務付けるもので、コロナ禍のような有事の際の所得補償を行うものにはなっていない。韓国のように雇用保険（失業給付）を受給可能にするような雇用保険の加入要件の拡大など、フリーランス（個人事業主）の所得補償制度を整備することが必要である。

（2）労働者に対する支援

①休業補償促進のための雇用調整助成金

政府による特別な休業補償を求める声が強くなるにつれ、政府はコロナを理由にした休業に対し、補助率を高めるなどの特別措置を講じ、雇用調整助成金によって間接的に休業補償の促進をはかる方針を取った。

しかし、これは会社が助成金を申請して休業手当を支払うことを期待する政策のため、電話相談には会社が休業補償をしてくれない（雇用調整助成金を申請しない）という相談が最後まで寄せられた。

・緊急事態宣言等により勤務先が閉鎖・休業

◆ショッピングセンター内のテナントの正社員。休業となり、オーナーからは4月分は日割と言われた。（2020.4）

◆職場の百貨店が閉鎖。仕事がなくなり収入がない。（2020.4）

◆大型商業施設のテナントで勤務。閉店しているが、休業補償がなされるかわからない。（2020.4）

◆観光業。4月～6月まで自宅待機。会社は雇用調整助成金を申請しないという。（2020.6）

◆会社が休業になったが「手続きが面倒」と休業手当を出してくれない。（2020.6）

◆百貨店の服飾販売アルバイト。休業手当が支払われない。（2020.6）

◆休業手当が、4月11日から5月までは出たが、3月分が払われず、また、6月以降も雇用調整助成金が終わるという理由で出ないと言われている。（2020.6）

◆学童保育。4～6月の仕事なく自宅待機。会社は休業補償しないと言っている。（2020.10）

・コロナ禍の影響で仕事減

◆警備会社に勤めているが4月頃から仕事が減った。平常時30万程度だったが現在6～7万で、休業手当が支払われない。会社は収入が減って困るなら役所に相談しろと言う。（2020.6）

◆警備員の仕事をしているが、3月末から仕事がなくなった。休業手当払われず、所持金わずか。（2020.6）

◆警備員のアルバイトをしてきたが、3月～5月、仕事が減少。休業手当が払われず、家賃滞納分が累積。（2020.6）

◆会社からの指示で、時短勤務となり、時給制なので、会社に休業補償を求めたが、支払ってくれない。(2020.6)
◆運転代行の会社に勤務しているが、コロナの影響で飲む人が減りほぼ仕事がなくなった。会社は雇用調整助成金の申請をすると言いつつやらず、休業手当を払ってくれない。(2021.8)

2020年4月に全国に出された緊急事態宣言により、大型のショッピングモールや娯楽施設等が一斉に休業となった。雇用調整助成金の特例措置は6月以降のため、最初の頃は雇用調整助成金を申請するにも休業補償に企業側の自己負担が必要だった。

第1回(2020.4)は緊急事態宣言直後、第2回(2020.6)の時は政府の特例措置が実施されたばかりで、「休業補償がされない」「4月分は保障されたが5月分はわからないと言われた」など、休業しても補償がされないことでの相談が多かった。

政府の対策が期限を区切った対応のつぎはぎだったために、事業所も先行き不安ななかで申請することへのためらいが最後まであった。

②非正規労働者等も対象とする「新型コロナウイルス感染症対応休業支援金・給付金」の創設

前記のとおり、雇用調整助成金による支援が企業の善意を前提とした仕組みであるため、特にパートやアルバイト等の非正規労働者から、適切な休業補償がされないという相談が相次いでいた。

◆4月初めからバイト先が休業中、会社が雇用調整助成金を申請してくれない。若い学生がパートのシフトを削られ「やめたい奴はやめてもいい」と言われて困っている。(2020.6)
◆派遣会社に登録していたが、派遣先の仕事がなくなり休業状態。会社は休業手当を払ってくれないし、雇用調整助

成金を申請する気もないようだ。（2020.6）
◆契約社員で、学校給食を作る仕事をしている。４月～５月、コロナで休職になったが休業手当が払われない。（2020.6）
◆アルバイト。コロナ禍でシフトが減ったため収入が減り生活が厳しい。何か方法はあるか。（2022.6）

このように、雇用調整助成金を活用しない企業の問題も浮き彫りになるなか、政府は個人でも休業給付を申請できるようにと、２０２０年10月「新型コロナウイルス感染症対応休業支援金・給付金」を創設した。

この制度はアルバイトなど非正規労働者も対象となったが、事業所の休業の指示を証明することが必要であり、企業側が拒否すると支給までに時間がかかったり、支給されないこともあったりした。個人での申請ができるようになり、より多くの人が補償されるようになった反面、書類の不備や企業の姿勢で不支給決定されることも多く、不服申し立て制度もあわせてつくられる必要があった。

財源がすべて国の負担であっても労働者への補償をかたくなに拒否する企業の姿勢に、労働者の人権がないがしろにされている現状がよく表れている。

③「小学校等休業対応助成金」

子どもたちへの感染拡大に伴う保育所や小学校の休園・休校によって仕事を休まなければいけなくなった人たちからの相談も継続して寄せられた。

また、２０２０年４月の第１回相談会の時には、全国一斉に緊急事態宣言が出され、政府による学校の一斉休校要請によって学校も休校となったことから、「子どもが家にいるので仕事を休まないといけない。補償はないのか」といった相談も寄せられた。

こうしたニーズに対応するために「小学校等休業対応助成金」が創設され、こうした場合に労働者に有給休暇を取得させた企業に10分の10の助成金（日額上限あり）が支給されるようになったが、全国への緊急事態宣言が解除されると「小学校等休業対応助成金」も停止となった。

コロナ感染も第5波、第6波と積み重なり、オミクロン株の流行により子どもの感染が急激に広がると、「学校（保育所）が休校になって休まないといけなくなった」「子どもが感染者（濃厚接触者）になって休まないといけなかったが休業補償はないのか」「シフトが入らない。休業ではないから補償はないと言われた」など、子どもの療養や濃厚接触者、保育所や学校の閉鎖による休業に対する相談は続いた。

◆保育園が休園したが会社が何もしてくれない。どうしたら休業手当もらえるか。（2020.4）
◆ひとり親家庭で、今年の4月子どもの学校休業により仕事を休まざるを得なくなった。（2020.6）
◆保育園でコロナ感染者が出て休園に。子どもが預けられずに仕事に行けなくなりそうだ。補償はないのか？（2021.8）
◆子どもがコロナ感染し、自分が濃厚接触者となり仕事を休んでいる。出勤できない分の補償はあるのか。（2021.8）
◆パートで働いている。保育園休園で仕事に行けず減収。（2022.2）
◆孫の保育園クラスター発生にともない、パートを休まざるを得ない。国の補助制度はないか。（2022.4）

このように「小学校等休業対応助成金」を求める声が強くなり政府は再開したが、最初から継続していればよかったことではないだろうか。政府の対応は常にその場しのぎ、つぎはぎの対応であった。

雇用調整助成金の活用についても同様のことがいえる。正社員の大量の解雇が発生しなかったことを考えると、雇用調整助成金の特例措置を実施し活用を広げたことは大きな意味があった。しかし、短期で期限を区切り、更新のたびに特例措置の段階的な縮小をするなど、隙を見せれば国の責任を投げ捨てようとする姿勢がみられた。

中小企業では経営基盤が弱い事業所も多く、コロナ禍が長期化するなか経営が安定したとは言えない状態は続いている。特例措置の廃止で休業補償に事業主負担が発生するようになると負担できない事業所では雇用問題につながる危険を最後まではらんでいた。

④休業手当の補償額が低すぎるという問題

雇用調整助成金の特例措置により、企業の自己負担もなくなり上限額も引き上げられ活用しやすくなった。一方で、労働者への補償は「60％以上」と変わらなかったため、企業には人件費の全額が補償されたにもかかわらず、労働者には全額支払われないことも多かった。

また、実際の支給額が給料の6割に達していないという相談も多かった。

◆2日/週のアルバイト。3月から休業し、休業手当が支払われたが、金額に納得がいかない。(2020.6)
◆休業手当の計算が間違っていて少なく支給されているのではないか。(2020.6)
◆休業手当が支払われているが、計算違いで金額が低すぎるのではないか。(2020.6)
◆休業手当をもらっているが、金額が少なすぎると思う。(2020.6)
◆海外のロックダウンで輸出事業が減り、休業命令が出された。派遣会社は『3か月の総収入を出勤日数で除して×0・6』が平均賃金で、平均賃金『×0・6』が休業補償賃金と言っているが、法律に反していないか？(2021.8)

労働基準法第26条により、使用者の都合で労働者を休業させた場合は平均賃金の60％以上の賃金（休業手当

休業手当の計算方法　平均賃金 × 60%以上×休業日数
平均賃金の計算方式　３か月間の賃金総額 ÷ ３か月間の暦日数

月給 21 万円の労働者１か月休業した場合
63 万円÷ 90 日＝ 7,000 円
7,000 円× 22 日（週休２日だと労働日は 22 日）＝ 154,000 円
154,000 円の６割支給（154,000 円× 0.6）＝ 92,400 円

・21 万円の６割で 126,000 円だと思っていたら 92,400 円しか支給されない。
・雇用調整助成金の上限額（平時）8,260 円

図1　休業補償の計算の仕方

を支払う必要がある。

しかし、労働基準法第12条に基づく計算方式（図1）は、休業前3か月間に支払われた賃金の総額を、その期間の実労働日数ではなく総日数（暦日数）で割った金額、つまり土曜日や日曜日など休日も含めた日数で割って1日分の賃金を算出する。その1日分の賃金に労働日数をかけその6割を支給すれば法律違反にはならないため、実際には4割程度の支給にしかならない。この計算式そのものの見直しが必要である。

⑤失業保険の機能不全

リーマンショック時のような派遣切り・大量解雇は社会的な問題とはならなかったが、失業の相談は正規・非正規問わず寄せられた。

第1回（2020.4）、第2回（2020.6）などコロナ禍の初期には内定取り消しの相談もあった。

◆最終面接を経て出勤予定日も決まっていたが、「いつ出勤してもらえるかわからない」と内定取消しされた。（2020.4）
◆入社が内定していた会社から一方的に入社時期の延期を言渡されて、現時点で入社日が決まっていない。会社からは、「入社していないから給与の支給はない」と言われているが、どうすればいいのか。（2020.6）
◆70代男性、単身。４月にコロナで失業。失業給付を受けて今まできたが

切れてしまった。次の仕事を見つけたい。（2020.10）
◆男性、70代。コロナで失業。昨年1月に観光会社を解雇されて失業した。年金もらいながら働いていた。失業手当もない。（2021.2）
◆60代男性、2人世帯。5月で退職することが決まり失業状態になるが、失業手当が入るまで収入がなくなり不安が大きい。現在アルバイト先を探しているがなかなか決まらず。（2021.4）
◆昨年（2021年）9月に失業。ハローワークでも就職が決まらない。失業保険の月15万のみで生活。家賃と消費でマイナス。貯金の切り崩し。（2022.2）

2000年以降、雇用保険の給付条件や給付期間が絞り込まれたことで、失業保険が次の雇用を見つけるまでの生活保障の役割を果たしていない。

低賃金労働が蔓延している上、実質的に手取りの4割程度の給付額しかないため、失業手当だけでは「健康で文化的な最低限の生活」（憲法25条）を送ることも難しい。自己都合退職の場合には3か月間の受給制限があり、コロナ禍で受給制限は2か月に短縮されたものの、2か月間無収入でも生活できる人は少ない。そのために十分に検討して再就職先を探すことが難しくなっている。コロナ禍のように社会全体の経済活動が長期間停滞し失業期間も長期化するなか、失業保険の機能不全が失業者の生活困窮を深刻化させている。

また非正規雇用労働者・フリーランスの急増によってそもそも雇用保険に加入していない労働者が増えている。雇用保険加入要件の緩和や給付期間・給付額等の大幅改善などにより、失業時の生活保障を確保するように制度を改めることは喫緊の課題である。

日弁連も2023年2月に「雇用保険の抜本的な拡充を求める意見書」をまとめ、①離職理由による受給資格の区別を廃止し、離職日前1年間に被保険者期間が通算して6か月以上あれば、一律に基本手当の受給資格を認めるべきである、②基本手当の所定給付日数を大幅に引き上げ、基本的に180日以上とすべきである、③基本手当日額の給付水準を大幅に引き上げるべきである、④雇用保険法33条1項の「正当な理由がなく自己の都合によって退職した場合」における給付制限の期間は、1か月とするべきである、⑤一般求職者給付に対する国庫負担の割合は、2022年雇用保険法改正前の水準に戻し、25%とすべきである、などの要望を厚労大臣に提出している。

3　私たちの提言——ディーセントワークの実現を

(1) 全国一律最賃制度の実現を

有事の際、パートやアルバイトなどの労働者の生活がとたんに困窮するのは、最低賃金に張り付いた賃金（時給）が、平時の際から労働者がまともに生活できる水準にないことが大きい。

まずは、最低賃金制度を今の都道府県ごとに違う格差のある制度から全国一律の制度に変更し、その水準を1500円以上にすべきである。

筆者が所属する全労連に加盟する各地方労連が、都道府県で月の生活を送るのに必要な金額を調べた「最低生計費試算調査」では、大都市でも地方でも月の生活に必要な費用は25万円前後と変わらず、時給にすると1600円前後が必要だとなっている。いまの最低賃金では必要な生活を送れる水準になく貯金をすることもできない。そのため、有事の際にとたんに困窮することになる。

(2) 求職・休業中の十分な補償を

雇用保険による求職者給付の拡充が求められる。

現状では、雇用保険に2年以上の加入が必要であり、非正規労働者が対象から外れることが多いため、加入期間を短縮すべきである。

また、自己都合と会社都合では給付までの受給制限期間が違い、自己都合で退職すると十分な転職活動をすることができなくなる。自己都合退職の受給制限期間が3か月から2か月に短縮されたが、さらに短縮するかもしくは撤廃するべきである。

さらに、平均賃金の算定方法の見直し（暦ではなく就労日数での計算）、所定給付日数（現行90～360日）および（原則的な）受給期間（現行1年）の延長など、給付金額の上限と日数を引き上げることが求められる。

（3）職業訓練や再就職支援など積極的労働市場政策を

高齢者を中心に失業の長期化が深刻な課題となった。「ハローワークはマッチングまで責任をもってやってくれない」と求人票を見せるだけの対応に怒りの声がなんでも相談会にも届けられた。

生活困窮者自立支援事業における就労支援事業はマッチングまで行政の責任で行われるが、制度としてあまり知られていないのと、生活困窮者支援事業だと心のハードルが高くなる。国や自治体の責任で積極的労働市場政策を実施することが求められる。

求職者支援制度（職業訓練）の不十分さもコロナ禍のなかであらためて浮き彫りになった。訓練実施日に1度の遅刻や欠席も許されないことや月10万円の訓練受講手当の低さなどが問題になり、コロナ禍で特例措置として訓練の8割以上の出席要件に緩和されたが、現在は戻っている。

特例措置で実施されていた出席要件・収入要件の緩和と住居確保給付金との併給容認の恒常化だけでなく、出席要件や収入要件のさらなる緩和が求められる。

（４）フリーランスの権利保障制度の充実を

フリーランスの人たちがあまりにも無権利であることがコロナ禍で浮き彫りになった。そのため、フリーランスの権利保障をどうしていくか国会でも審議されフリーランス保護法が可決、成立（２０２３年５月）したが、条件明示によるトラブル防止などが中心で未だ不十分である。

少なくとも雇用保険の適用（任意加入）など、有事の際の所得を保障するための保険制度がつくられるべきである。

（５）最低保障年金制度を

年金生活者からの「年金だけでは暮らせないのに仕事がない」との相談は最後まで続いた。憲法25条で「健康で文化的な最低限度の生活」が保障されているはずである。それなのに「生活できない年金水準」が放置されているのはおかしい。「コロナなんでも電話相談会」で、年金水準の低さがあらためて浮き彫りになった。暮らせるだけの最低保障年金制度の確立が求められる（第４章参照）。

第4章

生活と住まいの保障

小久保哲郎（弁護士）

電話相談会では、収入が減り、生活そのものが苦しいという相談、家賃を滞納し家を失いそうだ（失った）という相談が相次ぎ、時を経るにつれて多くなっていった。本来、こんなときこそ、「最後のセーフティネット」と言われる生活保護制度の出番だ。しかし、相談会に寄せられる声を通して、制度に対する強い忌避感や窓口での違法な追い返し（水際作戦）が高い障壁となって立ちふさがっている実態を嫌というほど実感してきた。一方この間、家賃補助制度である「住居確保給付金」は、コロナ禍に対応した要件緩和によって飛躍的に利用が増えたが、なお残る課題も見えてきた。70代、80代の相談では、低年金、無年金ゆえの切実な相談が非常に多く、高齢者に対する生活保障の脆弱さも浮き彫りになった。コロナ禍では、こうした制度上の不備だけではなく、それらを運用する保健所や市役所等の窓口体制の脆弱さも同時に露呈した。「官から民へ」の掛け声のもと公務員の削減、外部委託・非正規化が進められた結果、殺到する相談需要に応えられなくなっているのである。

そこで、本章では、生活と住まいを保障するしくみのうち、特に「生活保護」「住宅保障」「年金」に焦点をあて、相談会を通して見えてきた課題と求められる改革について提言を行いたい。

1 生活保護

(1) 寄せられた声から浮き彫りになった課題

①生活保護に対する強い忌避感

「生活保護だけは死んでも受けたくない」。

3年近く続いた相談会の中で、この言葉を何度耳にしてきただろうか。さまざまな制度を使い果たし、どう考えても生活保護を利用したほうがよいのに、かたくなに利用を拒む人がいかに多いことか。

これは、全国の相談会場の担当者が揃って指摘し続けてきた顕著な傾向だが、寄せられた声を概観してみると、忌避感が生み出される背景はいくつかに分類することができる。

以下順にみていきたい。

・「生活保護は人間が終わったのと一緒」

生活保護に対する忌避感は、直接的には、制度を必要とする人自身が、生活保護に対する偏見やスティグマ(恥の意識)を内面化してしまっていることに起因している。

生活保護を使って「お国」のお世話になるのは「社会のお荷物」だという意識。自己責任論が蔓延する中、社会からバッシングされ排斥される立場にわが身を置きたくないという意識である。

◆60代女性。1月に解雇と言われ会社都合で退職届を出した。年金だけで生活できず仕事を探しているが見つからない。生活保護は人間が終わったのと一緒と思っている。先が見えない。(2021.8)

◆50代単身男性。低血圧や精神的な病があり働きたくても働けない。生活が苦しいが生活保護は受けたくない。障害年金、特例貸付、住居確保給付金はすべて受けている。いろんなところに相談するが生活保護しか勧めてこない。ほかに何か使える制度はないのか。（2022.2）
◆50代。７、８月は収入がなく貯金を取り崩して生活をしている。１日の食費は３００円程度と決め、15円のうどんと半額になった厚揚げを食べ、牛乳を購入する程度である。毎日流動食のようで噛むことがなくなった。お腹がすいたら水を飲んでごまかしているが、生活保護を受けたくない。（2022.8）
◆70代男性。身体障害1級で障害年金受給中。妻の老齢年金とで暮らしているが、最近の物価高で生活が厳しい。何か利用できる制度はないか。国は「困ったら生活保護を利用して」というが、そうならないように頑張っている私たちにしたら、けしからん発言だと思う。（2022.10）

・自営業者に強い忌避感

生活保護に対する忌避感は、特に長年自営業などを営んできた人たちに強い傾向があるように感じる。自身の「腕一本」で自立して生活してきたという自負心から、自分自身が生活保護を利用することがどうしても受け入れられないのである。

あまり知られていないが、実は、自営業者であっても廃業することなく、また、自営用の資産を処分することなく生活保護を利用することはできる。厚労省も２０２０年４月７日に発出した通知[1]で、「臨時又は不特定就労収入、自営収入等の減少により要保護状態となった場合」、「緊急事態措置期間経過後に収入が増加すると考えられる場合には、増収に向けた転職指導等は行わなくて差し支えない」とし、「自営に必要な店舗、機械器具類の資産」（自動車も含む）は保有を認めるよう指示し、自営業者に対する生活保護の積極的適用を促している。

コロナ禍という特殊事情で一時的に収入の道が途絶えたのだから、むしろ一時的に生活保護を利用して再起を期す方が合理的なのだが、自営業者が生活保護を利用している例は多いとは言えない。

◆50代女性。訪問販売代理店経営。食料品の提供は受けたが日用品購入のお金がない（相談員は、状況からして生保申請がベストと思い、利用を勧めるが頑なに拒否し、「死にたい」という）。(2020.10)
◆40代男性。通信会社の飛び込み営業職。コロナになってから営業そのものを拒否されたりで収入激減。持続化給付金、緊急小口資金、総合支援資金は全て利用済み。生活保護は絶対受けたくない。電気、ガス、水道代も滞納し、どうしたらいいかわからない。妻子との心中を考えてしまう。(2021.2)
◆70代単身男性。コンサルティング業で収入が安定せず、現在は無収入で貯えもほぼない。娘からの借金や緊急小口資金でやりくりしてきたが総合支援資金は断られた。生活保護は受けたくない。プライドが許さない。(2021.4)
◆80代夫婦。家電小売業だがコロナで収益がゼロに。持ち家で月7・5万円の年金収入のみ。税金や借金の滞納もかなりあるが、生活保護は恥なので受けたくない。(2021.6)

・親族・友人らの反対

世間体を気にする親族からの反対にあって、生活保護の利用を躊躇しているというケースもとても多かった。これも、反対している親族は、自身の見栄や差別意識のために、困っている親族を生活困窮の状態に押しとどめているのであり、理不尽で哀しい話である。

◆70代独居男性。年金月9万円のみが収入で家賃3万円の借家住まい。がん治療中。周囲からは生活保護を勧められているが、娘は反対しており自分も受けたくない。野菜を庭で育てるなど工夫しているが、暮らしが楽になる方法はないか。(2021.2)

◆70代女性。心臓病でペースメーカーを入れているが、派遣の仕事が先月20日でなくなり、健康保険もなくなった。次男がこれまで援助してくれていたが、これ以上援助できないと生活保護を勧めてきた。でも、三男の嫁が生活保護はふうが悪いと反対しており、相談した友人も「生活保護の人とは口もききたくない」と言う。（2021.2）
◆50代女性。障害のある20代長男と生活。本人は不眠で働けず収入は息子の障害年金6万円のみ。生活保護は、弟が世間体が悪いと反対しているので受けたくない。（2021.4）

・親族への「扶養照会」

生活保護の申請をすると親やきょうだい等の親族に経済的援助の可否等を問う「扶養照会」がされる。生活保護に対する強い忌避感の裏返しで、生活保護の利用を親族に知られたくないという人は多く、この「扶養照会」が、生活保護の利用をためらわせる大きな障壁となっている。

しかし、厚生労働省は、「扶養義務の履行が期待できない者」に対して扶養照会はしなくてよいとしており、扶養義務者が、生活保護利用者、福祉施設入所者、長期入院患者、働いていない人、未成年者、70歳以上の高齢者、著しく関係不良の者、10年間音信不通の者等の場合を例示している。また、その扶養義務者から虐待・ＤＶを受けたなどの場合は、むしろ連絡してはならないとしている。

国も、コロナ禍に入ってから、２０２０年9月の通知[2]でこうした扱いについて注意喚起していたが、２０２１年3月には、生活保護手帳別冊問答集を改正し[3]、「要保護者が扶養照会を拒んでいる場合等においては、その理由について特に丁寧に聞き取りを行い」、対象となる扶養義務者が「扶養義務履行が期待できない者」に該当するか否かという観点から検討を行うべきであるという通知を出した。扶養照会をするかどうかの判断にあたって、申請者の意思を尊重する姿勢を初めて示した点で評価できる通知だった。

ただ、以下の相談事例からは、こうした運用改善後も、現場では相変わらず旧態依然とした違法な対応が横行し、通達の内容がまったく徹底されていない実態がうかがえる。

◆60代独居女性。持続化給付金、住居確保給付金は利用した。社協の特例貸付はダメと言われた。生活保護は絶対イヤ。兄弟に扶養照会されるのが絶対イヤ。(2021.2)
◆40代母子家庭。コロナ休みを月4~5日取らなければならず収入が激減。緊急小口資金は貸してくれたが、総合支援資金は借金があるからと断られた。娘に重い病気があるが、治療費が払えないので病院に行けていない。生活保護の窓口に行ったら「親兄弟に必ず文書照会する」と言われた。菅さんは「最後は生活保護がある」というが、そんな簡単な話じゃないと身に染みて感じた。(2021.2)
◆50代女性。夫のDVから逃げて友人宅に身を寄せている。生活保護の相談に行っても「友人宅はダメ。シェルターに入ってもらう」と言われる。親から虐待を受けて10代で家を出たが、その親に扶養照会をかけると言われた。死のうと思っている。(2021.4)
◆男性、非常勤講師。コロナ禍で授業コマ数が激減したまま2年を経る。月収3万円。各種制度はすべて利用した。生活保護の扶養照会が申請をためらわせる。(2022.12)

・過去に利用した際のトラウマ

過去に生活保護の利用歴があっても、ケースワーカーから尊厳を傷つけられる経験が一種のトラウマとなり、二度と制度を利用したくないという強い思いを抱いている方も少なくなかった。

◆20代単身女性。パートで月収8万円。家賃滞納あり。住居確保給付金、特例貸付は使い切り、生活困窮者自立支援金も受領した。もはや使える制度もなく、この1年1日1食でやりくりしており、医者に行くお金もなく限界。生活

保護世帯で育ち、生活保護を利用していたときの屈辱感が忘れられず、再び受けるくらいなら死んだ方がまし。（2021.12）
◆50代単身女性。コールセンターで働いていたが解雇され、現在求職中。昨年、一時、生活保護を受けたが、窓口の対応が酷いので、もう行きたくない。（2021.12）
◆70代女性。年金とアルバイトで生活してきたが、解雇を言い渡され失職。以前生活保護を受けた時は人間扱いされずとても嫌な思いをしたのでもう受けたくない。（2022.2）
◆女性。収入は障害年金6万円のみ。以前生活保護を受給していたがケースワーカーの就労指導がひどく、生活保護を受けるなら餓死したほうがいい。何か使える制度はないか。（2022.2）

②福祉事務所窓口での違法な追い返し（水際作戦）の横行、侮辱的な対応など

法的に間違った説明をしたり、侮辱的な対応をして、保護の申請を断念させ、「相談扱い」で追い返すことを俗に「水際作戦」という。こうした対応は申請権の侵害であって明らかに違法だ。

厚労省は、かねてから「保護の申請権が侵害されないことはもとより、侵害していると疑われるような行為も厳に慎むべきである」という通知を繰り返し発出してきたし、コロナ禍でも２０２０年３月10日に出した通知[4]（以下「２０２０年3月通知」という）で、あらためて周知を図った。しかし、3年近い相談の中でも終始、ひどい「水際作戦」の被害の声が全国各地から寄せられ続けた。

違法な申請権侵害は証拠があれば国家賠償請求が認められ得るし、中には70代の高齢者に対して「働く人の上前をはねて生きるつもりか」と言い放つなど刑法上の侮辱罪が成立するのではないかと思われるケースも散見された（女性に対する対応については第5章を参照）。こうした公務員による人権侵害が長年温存され続けている日本という国は、果たして法治国家と言えるのだろうか。

◆40代単身男性。猫2匹と暮らしていて、生活保護の話を聞きに行ったら、猫を手放せと言われた。ハローワークで求職しているが仕事が見つからず、貯えもなくなり、家賃も滞納している。(2021.4)
◆70代男性。生活保護を利用しようと市役所へ行った。いろいろと難しいことを言われ、生活保護申請をしないと告げたら、その旨を文書に書いて提出するように言われ、結局申請しなかった。市役所の対応に不満がある。(2021.6)
◆70代単身男性。収入は月6万円の年金だけ。食べるものもぎりぎりで1玉18円のうどんを3回に分けて食べている。役所に生活保護の相談に行ったら、「人のお金で食べさせてもらうのか」「働く人の上前をはねて生きるつもりか」と罵倒される。体調も悪く、こんな状態で生きていても仕方ないと思う。(2022.6)

・「ホームレス」だからダメ

「ホームレスだからダメ」「住民票がないからダメ」というのは、古典的な「水際作戦」の手法だ。

しかし、ホームレス状態であっても「現在地」(今いる場所)の福祉事務所で保護申請でき、通常の生活費とは別にアパート暮らしを始めるための敷金や生活用品代も支給される。保護申請後、開始決定前にカプセルホテル等を利用した場合、一定の範囲でその宿泊費等を支給してもらうこともできる。また、親戚知人宅に居候している場合でも、「一時的に同居していることをもって、知人と申請者を同一世帯として機械的に認定することは適当ではない」とされており、単身世帯として保護を開始し、居候を解消するための新住居の敷金等の費用を支給してもらうこともできる。

厚生労働省は、コロナ禍突入間もない2020年3月通知でこうした扱いをあらためて周知しているが、現状は、それが徹底されているとは言い難い。なお、「家がないからダメ」と言われたという相談の一方、「まだ家があるからダメ」と言われたという相談もあり、福祉事務所の現場は支離滅裂というほかない。

◆50代男性。所持金1万円。家がない。仕事も服も口座もない。保険証がなく身体が悪いが医者に行けない。市役所に生活保護の申請に行ったが、「ホームレスで一定の場所にいない人は対象にならない」と却下された。(2020.10)
◆50代男性。フリーライターの補助作業をし、月収10万円程度だったが、コロナで仕事が減少し、10月に仕事がなくなり、以来、無職無収入。住まいを失い、現在、親戚宅に居候している。生活保護の申請に行ったら、家を探してからくるように言われて申請させてもらえなかった。(2020.12)
◆70代単身男性。食品販売の仕事をやっていたが、コロナで赤字続きで、3月で廃業した。一時、姉の世話になっていたがいられなくなり、今は車上生活。貯えもなくなり生活保護の相談に行ったが申請できなかった。(2021.4)
◆50代男性。製造工場に派遣で働いていたが、両手が腱鞘炎になってしまい解雇された。派遣元の寮も出され、今は所持金143円しかない。4月から車中泊。市役所に相談に行ったが住民票のあるところへ行くようにと言われた。(2022.6)
◆50代男性。アパートの家賃滞納(2か月)で追い出されそう。これまでは緊急小口資金や総合支援資金等で生活してきた。銀行ローン、クレジット等を含めると300万ほどの借金がある。生活の相談に市役所に行ったら「アパートがある間は生活保護は申請できない」と言われた。(2022.12)

・「働いて自分で稼げ」

「稼働能力の活用」は生活保護の要件だが(法4条1項)、働ける健康状態であっても、仕事を探しているのに就職できない場合や、働いていても収入が生活保護基準に満たない場合は生活保護を利用することができる。そして、厚労省は、先にも述べた2020年4月通知[5]で、「緊急事態措置の中で新たに就労の場を探すこと自体が困難であるなどのやむを得ない場合」には、緊急事態措置期間中、働く能力を活用できているかの判断を留保できるという柔軟な対応を打ち出していた。

しかし、次にみるとおり、福祉事務所の窓口では、こうした柔軟な対応どころか、病気や高齢で働く能力自体がない人に対してまで働くことを求めて追い返す対応が横行していた。

◆40代単身女性。2月から病気で働けない。現在は傷病手当で生活中。役所に保護申請に行ったら「短時間でも頑張って働いたら」と言われた。(2022.6)
◆60代単身男性。病気で働けなくなった。生活保護の相談に行ったところ、「生活保護は無理。手がない人でも足がない人でも働いているんですよ。あなたも働きなさい」といわれた。あきらめて餓死するか、ホームレスになるしかない。(2022.6)
◆50代単身女性。コロナでパートの仕事をなくし貯金も底をついた。持ち家で固定資産税を滞納しているが支払えない。社協の特例貸付は利用済み。生活保護の相談に行ったら働いて自立するよう言われた。(2022.8)
◆70代男性、単身。2年前まで警備員の仕事をしていたが、体調を崩して無収入。生活保護の申請に行って「働きなさい」と言われたが、働けない状態。(2022.12)

・自動車保有の制限

現行の生活保護の運用上、自動車の保有は厳しく制限されている。コロナ禍で生活困窮が拡大する中、自動車保有の制限が生活保護利用の高い障壁となって立ちふさがり続けた。

ただ、現行の通知でも、概ね6か月以内(さらに6か月延長可)に就労により保護から脱却することが確実に見込まれる場合には通勤用自動車の処分指導はされないこととされており、コロナ禍の長期化に伴い、２０２０

年4月7日以降に保護を開始した世帯については、保護開始から概ね1年を経過した場合であっても、処分指導を行わなくてもよいとの通知が出された。[6]

しかし、こうした通知が柔軟に活用されているとは言い難く、行き過ぎた自動車保有の制限がかえって就労自立のチャンスを奪う結果となっている。

◆離婚して実家に戻ってきた。高校生の息子を抱えてお金がない。両親からは「自分たちが死んだらどうするのか」と言われる。生活保護は土地柄、車を手放せないので考えられない。（2020.6）

◆生活保護の申請をした際、ケースワーカーに言われて自動車を廃車にした。3か月後、介護職に就けそうになったが、自動車通勤しか認めてくれず就職が叶わなかった。

電車やバスの利用が困難な障害者が、通勤や通院・通学・通所に定期的に車を利用する必要がある場合、現行の厚生労働省通知を前提としても、自動車を持ったまま生活保護を利用することが認められる余地がある。

次の相談事例は、いずれも現行通知を前提としても自動車保有が認められる余地があるはずなのだが、現場の運用は、「とにかく自動車は絶対ダメ！」という対応になってしまっている。

◆夫のDVが子どもにも及んだので、生活保護で引越し費用を出してもらって逃げてきたが、引っ越し先で車の所持許可が出ない。子どもがみんな障害をもっており車がないと通院できない。どうしたらよいか。（2021.2）

◆70代単身女性。年金7万円と娘からの7万円の援助で生活していたが、娘の援助を受けられなくなった。生活保護の相談に行ったところ、病気があり車がないと生活できないが、車は所有してもいいが運転してはいけないと言われた。（2021.4）

◆シングルマザーになって5年。療育手帳を持つ5年生と自立支援を受けている2年生を抱えダブルワークしていたが、体力に限界を感じる。生活保護も考えたが車を保有（デイサービスへの子どもの送迎に必要）のため躊躇。(2021.6)

◆40代女性。コロナに罹患して後遺症で休職し傷病手当受給中。ともに発達障害のある20代娘二人と同居しているが、娘らに収入なく生活が厳しい。娘の通院に必要なので、車を処分しなければならないのであれば生活保護は使いたくない。(2022.10)

・「持ち家だからダメ」

居住用の不動産は原則として住み続けながら生活保護を利用することが認められている。資産価値が非常に大きい場合は処分指導されることになっているが、ケース診断会議に付する目安は「標準3人世帯の生活扶助基準額に住宅扶助特別基準額を加えたおおよそ10年分」以上とされており、コロナ禍で厚労省も「組織的な検討を行わずに判断することのないよう」注意喚起している。[7]

しかし、こうした通知にもかかわらず、単に自宅不動産を所有しているというだけで生活保護を断られたという相談が終始寄せられ続けた。

◆2月は週2の仕事。3月4月はゼロ。3万円前借りし、所持金5000円。市役所に行ったが、持ち家があるので生保受給できず。もう市役所行きたくない。憂鬱で死にたくなる人の気持ちわかる。(2020.6)

◆70代無職女性。2年前に生活保護の相談をしたが、持ち家があると受けられないと言われ、非常に怖い思いをした。生活費がなくなったら、どうしようもないのか。(2021.4)

◆50代単身女性。病気を理由に解雇されてから貯金を取り崩して生活してきたが、残金数万円となった。自宅の固定資産税、国保料も滞納中。生活保護の相談に行くと「自宅を売ってから来い」と言われた。
◆50代女性。仕事を探しているが、なかなか見つからない。お金もなくなってきたので、保護課に相談したが、持ち家があるので受け付けてもらえなかった。（2022.4）
◆70代夫妻。年金が二人合わせて月６万円。生活保護は持ち家があることを理由に断られ続けている。（2022.10）

・「家賃が高いからダメ」

生活保護の住宅扶助には地域ごとに上限が決められている。この住宅扶助基準も２０１５年に大幅に引き下げられたため、現に住んでいる家の家賃が住宅扶助基準の上限額を超えていることも少なくない。こうした場合、「基準内の家賃の家に転居してから来い」というのは明らかに違法な水際作戦である。「要保護」状態であれば生活保護を適用し、基準額までの住宅扶助を支給し、家賃額があまりに高くて生計を圧迫する場合には、転居指導をして転居費用も保護費から支給するのが正しい対応である。

また、現に居住している家賃額がわずかでも基準額を超えていれば必ず転居しなければならないかのような対応がされることも多いが、これも誤りである。厚生労働省も、生活保護法27条による指導指示を行えるのは、「①限度額を相当に上回る家賃のアパートに入居しており②明らかに最低生活の維持に支障があると認められる場合」に限られるとしている。[8] つまり、①差額がさほどでなく、②差額家賃の負担を生活扶助費のやりくりで賄えている場合には、制裁に結びつくような指導指示は行えないのであり、「今の家に住み続けたい」という、利用者の意思が尊重されなければならない。

しかし、相談内容からは、こうした建前に反した違法な運用が蔓延している実態が明らかとなった。

◆生保の相談に行ったが、家賃が高いのでまずは引っ越せと言われた。車も売れと言われた。（2020.10）

◆40代単身男性。パチンコ店で台の調整・入替作業の請負をしてきたが、閉店するところが急増し仕事がない。貯金も底を尽きつつあり、生活保護の利用を考えたが、４万円以下の家賃の家に転居が必要と言われた。再就職後を考えると４万円の家に住みたくはない。（2021.4）
◆30代女性。正社員雇用され試用期間中にコロナ禍に突入。試用期間を延ばされた後、解雇された。就職活動をしても未だに就職先が見つからない。特例貸付は借り終わり、貯金も10万円になったので生活保護の相談に行ったら、家賃が基準より５０００円高いので転居が必要と言われている。（2022.4）
◆50代女性。生活保護の相談に行ったら、家賃が基準を超えているからダメと言われた。（2022.6）
◆子と２人世帯だが、子がコロナ後遺症で働けなくなり、生活保護を申請したい。家賃が基準をわずかに超えているとして引越すように言われたが転居はしたくない。（2022.12）

・「借金があるからダメ」

借金があるから生活保護を利用できないということはない。

ただ、最低生活を維持するための生活保護費から借金の返済をすることは望ましくないので、生活保護を利用した後に自己破産などで借金を整理したほうがよい。弁護士費用等は「法テラス」で立て替えてもらい分割で支払う制度（法律扶助）もあり、生活保護利用者であればこの分割払いも猶予・免除してもらえる。借金がある人が窓口に訪れたとき、福祉事務所に求められるのは、まずは保護を適用したうえで、上記のような借金整理の方法を助言することだ。

一方で、借金は、保護に優先すべき「他法他施策」（生活保護法４条２項）とは言えないから、保護申請させずに借金を勧めることが許されないのは当然である。

あるときは「借金してたら保護はダメ」と言い、あるときは「保護を受けずに借金しろ」と言う。ここでも福祉事務所の対応は支離滅裂で一貫性がない。

◆３年くらい前にがんになり、自営で健康食品の販売をしていたがコロナで売り上げ減少。持ち家を売却したが、借金が６００万円残った。借金があると生活保護は受給できないという。(2022.2)
◆70代男性。コロナで仕事がなくなり、５万円の年金収入しかない。社協の貸付を受けてなんとかやってきたが、家賃は８か月滞納。生活保護の申請に行っても社協に行くように言われてしまう。(2020.12)

③生活保護基準自体の低さ

この電話相談会には、現に生活保護を利用している人からも相当数の相談があった。

生活保護基準は、この間引き下げられ続けている。２０１３年には史上最大（平均６・５％、最大10％、６７０億円）の生活扶助基準の引下げ、２０１５年には住宅扶助基準の引下げ（１９０億円）と冬季加算の引下げ（30億円）、２０１８年には生活扶助基準（平均１・８％、最大５％）と母子加算・児童養育加算の引下げ（１６０億円）がなされた。

電話相談会を始めた当初から「今の保護費では生活していけない」という声は聞かれたが、特に２０２２年度に入ると前年度比３％増という41年ぶりの物価高（同年11月は前年同月比３・７％増）の影響でこうした声が激増した。

２０１３年からの史上最大の生活扶助基準引下げに対しては、現在、全国29地域で30の訴訟（いのちのとりで裁判）が闘われている。原告側が「物価偽装」と批判するデフレを理由とする点を中心に、引下げを違法と判断する地裁判決も相次ぎ、原告側の11勝11敗と勝敗は拮抗している（２０２３年６月末日時点）。

そんな中、国は、２０２３年度にも生活扶助基準引下げの方向性を示し、特に都市部や単身高齢者の生活扶助基準が大幅に下げられそうになっていた。40年ぶりという異常な物価高に配慮して2年限度で引下げが先送りされることにはなったが、現在の生活保護基準は、相次ぐ引下げで健康を維持するのも困難なレベルまで落ち込んでおり、本来は、引上げこそが必要である。

◆生活保護費が少なすぎて苦しい。冷蔵庫がないが買う金も貯められない。(2021.2)
◆60代男性。体を壊して退職し、生活保護で暮らしている。年々保護費が切り下げられて生活費がまったく足りない。引き上げるべきと言いたい。(2021.2)
◆単身女性。コロナのストレスで体調悪化し生活保護受給中だが、生活費は夏5万円、冬6万円(灯油代込)。ストーブなどを使わずに厚着して布団にくるまって家に籠もっている。(2021.2)
◆物価がどんどん上がっているのに保護費は下がり続け、生活が苦しい。(2022.4)
◆80代単身女性。生活保護を利用させていただきながら申し訳ないとは思うが、生活費が足りない。高齢で身体も弱ってきているが、物価上昇でガスは最低限しか使わず、エアコンは使うと電気代が大変なことになるので、一日中湯たんぽを抱いて過ごしている。他者とのコミュニケーションはほとんどない。(2022.12)

(2) 政府の支援策とその問題点

①生活保護の利用を促す一定積極的な姿勢

コロナ禍に入って間もない2020年6月15日、参議院決算委員会で田村智子議員(日本共産党)の質問に対し、安倍晋三首相(当時)が、「文化的な生活をおくる権利があるので、ためらわずに(生活保護を)申請してほしい」と答弁した。また、2021年1月27日の参議院予算委員会で石橋通宏議員(立憲民主党)の質問に対し、菅義偉首相(当時)は、「政府には最終的には生活保護という仕組み」があると答弁した。2013年からの生活保護基準引下げを牽引した安倍氏や、首相就任時から「まずは自助」を強調した菅氏ですら、コロナ禍の下では生活保護活用の必要性を否定できなかったということだろう。

そして、厚生労働省も、前項で紹介したとおり、コロナ禍に突入して間もない2020年3月から、生活保護の正しい運用の在り方を示す通知や運用を緩和する通知を繰り返し発出した。また、同年9月には、同省のホームページで、「生活保護の申請は国民の権利です。生活保護を必要とする可能性はどなたにもあるものですので、ためらわずに自治体までご相談ください」という広報を始めた。さらに、メンタリストのＤａｉＧｏが、ＹｏｕＴｕｂｅで「生活保護の人に食わせる金があるんだったら猫を救ってほしい」「ホームレスの命はどうでもいい」などと発言をしたことが波紋を呼んでいた2021年8月13日、厚生労働省は、その公式ツイッターで「生活保護の申請は国民の権利です」とツイートし、これが1万件以上リツイートされた。北海道札幌市、滋賀県野洲市、新潟県南魚沼市など、独自のポスターを作るなどして市民に対する広報をする自治体もあらわれた。

このように、厚生労働省が、生活保護の権利性を前面に押し出して、その積極的な利用を促すのは、これまでにない姿勢の変化であり、支援者からも歓迎され、評価された（本来は当然のことなのだが…）。実際、この時期に現場からの要望を携えて面談をした厚生労働省の担当者らには、現場で何が起きているのかを学び、それを制約の中で保護行政に反映しようとする謙虚で前向きな姿勢が感じられた。

②コロナ禍でもまったく利用が伸びなかった生活保護とその原因

しかし、残念ながら、こうした厚生労働省の姿勢の変化が全国の福祉事務所の窓口に届いていたとは到底言えない。コロナ禍による生活困窮を支える制度として生活保護が十分機能しなかったことは、コロナ禍に入ってからも生活保護の利用者数がまったく増えていないことにも表れている。

すなわち、生活保護利用者数は、2015年3月の217万4千人をピークに減り続けてきたが、コロナ禍に突入する前の2019年12月時点では207万人だった。それが2020年4月には206万人、2021年4月には204万3千人、2022年4月には202万4千人とむしろ減り続けたのである。コロナ禍における各種支援策が既に終了して既に相当期間が経過している本項校正時（2023年7月）の最新（同年4月）の被保護者調査でも201万8千人であり、減少傾向は続いている。

生活保護利用者が増えなかった一番の要因は、次項で述べる「特例貸付」が大量に実施されたことにあると考えられるが、貸付が終了した後も減り続けていることからすれば、前項で述べた制度に対する強い忌避感や「水際作戦」等の違法不当な窓口の運用も大きな原因である。

私たちは、リーマンショック後の2008年末から同様の相談会を実施してきているが、当時は今回ほど生活保護に対する忌避感は強くなかった。むしろ、派遣切りされた比較的若い非正規労働者は、自身が生活保護の対象になり得ることを知り、安堵の表情を浮かべることが多かった。この落差はどこから生まれたのか。それは間違いなく、2012年春、人気お笑いタレントの母親の生活保護利用に端を発した「生活保護バッシング」だ。当時、自民党に設置された「生活保護プロジェクトチーム」の世耕弘成議員（座長）と片山さつき議員は、生活保護制度やその利用者を敵視する発言を続け、マスコミの「生活保護バッシング」報道が異常なまでに加熱した。その後、こうした報道によって醸成された「国民感情」を背景として、先に述べた相次ぐ生活保護基準の引下げ（2013年、2015年、2018年）や、調査権限や不正受給対策の強化などの生活保護法「改正」（2013年、2018年）等の自民党の生活保護削減政策が次々と実現されてきた。つまり、この10年間、国を挙げた「生活保護バッシング」政策が遂行されてきたわけで、その中で、国民・市民の中に深く刷り込まれた生活保護に対する忌避感は、取ってつけたような国の姿勢の変化で払拭されるようなものではないということだ。

また、全国の福祉事務所窓口で蔓延している「水際作戦」などの違法運用も同様である。「水際作戦」の存在が初めて大きく報道されたのは、2006年9月1日、日弁連の全国一斉生活保護110番の結果を1面トップで報じた朝日新聞の記事だった。それから15年以上が経ち、その間、国家賠償を認める判決がいくつも言い渡されたのに、なぜ公務員による組織的ともいえる違法行為が根絶されないのか。それは、厚生労働省が、「建前」としての各種通知と、「水際作戦」を温存したいという「本音」を時と場合によって使い分けてきたからではないか。平時においてさえ根絶できない「水際作戦」が、コロナ禍という混乱期に突然根絶できるはずがないのである。

そもそも、支援を求めて役所に来た市民を侮辱し、違法に追い返す窓口が生活保護窓口以外にあるだろうか。そこには、生活保護を利用するような者は、「人間（国民・市民）」として扱わなくてもよいという思想があり、これは、生活保護バッシングによって醸成された忌避感と分かち難く結びついている。

生活保護が真の権利として、日本で暮らす生活困窮者の生活を支える制度となるためには、こうした制度運用の基盤に横たわっている、いびつな姿勢や思想を根本から転換していく必要がある。

③貸付けに依存した支援策――３３５万件１・４兆円に及ぶ「特例貸付」

コロナ禍に入って、国は、社会福祉協議会を窓口とした「特例貸付」制度を創設し、これを積極的に広報した。「特例貸付」は、緊急小口資金（1世帯20万円）と総合支援資金（単身月15万円、複数世帯月20万円）からなる貸付制度である。総合支援資金は初回貸付（３か月）、延長貸付（３か月）、再貸付け（３か月）と最大９か月なので、緊急小口資金と合わせた最大貸付額は、単身世帯で１５５万円、複数世帯で２００万円に及ぶ。

そして、コロナ禍の約2年半で、この制度の累計利用件数は３３５万件、類型貸付総額は１・４兆円に達した。

この制度が、生活に困窮した多くの人の生活を一定期間支えたのも事実である。しかし、「借金」によって生活困窮者の支援を行おうとする点に根本的な問題がある。少額とはいえない借金は、いずれ返済を要することになったとき、長期にわたって生活困窮者の生活を圧迫し続け、生計破綻を来す危険が高いからである。

電話相談会でも、特例貸付の利用者から、将来の返済への不安の声が多く寄せられた。既に2023年1月から一部世帯の償還が開始している。住民税非課税世帯は償還免除とされるが、柔軟に償還猶予を認め、最終的には償還免除の範囲を抜本的に拡大する必要がある。そして、本来、生活困窮者に対する支援は、最初から「貸付」ではなく「給付」によって行うべきことを将来への教訓とすべきである。

◆60歳代の夫は夜の接待を伴う仕事でコロナで休業となった。社協で緊急小口資金と総合支援資金をあわせて80万円借りた。さらに総合支援資金の延長貸付を申し込もうと思うが、今後、返済できるか心配。(2020.8)
◆70代男性、妻と2人世帯。タクシー運転手だが、仕事が減り歩合制なので、今の収入では生活できない。家賃や保険料も滞納、緊急小口、総合支援資金をすでに借りてしまっており、所持金は残り5万円。(2020.12)
◆自営業。社協の総合支援資金と緊急小口資金を借りているが、破産しそう。その際は返金はどうなるのか？　返せなくても詐欺にはあたらないのか？(2021.2)
◆男性。緊急小口も総合支援も利用し、借入額は合計155万円。年を越せない。餓死か泥棒するしかない。(2021.8)

(3) コロナ禍におけるドイツの対応に学ぶ

以上のようなお寒い日本の現状と対局にあるのが、ドイツの対応だ。

ドイツは、コロナ禍に入って間もない2020年3月29日、社会保護パッケージ法を施行し、緊急社会保護対策として、日本の生活保護制度に相当する「求職者基礎保障制度」を積極活用する方針を打ち出した。

その具体的内容は次のとおりで、申請手続と給付要件を驚くほど大胆に緩和、簡素化するものだ。[9]

１．資産要件・資産調査の停止

２０２０年３月１日から６月30日までに受給申請した人に６か月間、資産要件の運用を停止し、申請者が「とりわけ大きな資産はない」と述べれば、資産はないとみなす。

申請者は、多大な資産を持っているかどうか、チェック欄にチェックすればよく、「多大な資産」とは、すぐ現金化できる預貯金、宝飾品、株式、生命保険などであり、単身の場合、６万ユーロ（約７００万円、レートは当時、以下同）を超えるもの。以後世帯員１名増えるごとに３万ユーロをプラス。３人世帯なら12万ユーロを超える額。自家用車はもともと問題なく保有を認められている。

２．収入認定の事実上の停止

自営業やフリーランサーなど、これから先の収入の見通しが立たない場合、まずは暫定的に６か月間保護を認定する。自営業者は、この先６か月の売上と費用の見通しを記入するが、見通せない場合「０」と記入すればよい。６か月後に収入を確定するが、実際の収入が見通しよりも多かったとしても費用返還請求はしない。

３．住宅扶助支給額の上限撤廃

住宅扶助支給額の上限をなくし、現在住んでいるアパートの家賃が住宅扶助基準を上回っている場合、１年間、実際の家賃額を給付する。これによって現在の住居に住み続けられるようにする。

日本の厚生労働大臣にあたるハイル連邦労働社会大臣は、オンライン動画で、「誰一人として最低生活以下に陥ってはならない」という基本姿勢を明示して利用を呼びかけた。「要件を緩めている。官僚的でないようできる限り努力している」と説明したうえで、現在申請が殺到しており支払いまで数日かかることに理解を求め、最後は「あなたの権利です」という言葉で締めくくっている。

この対応策により、１２０万世帯の新規受給を見込み、96億ユーロ（１兆１０００億円）の予算が確保されたという。日本の場合、社協の特例貸付に３３０万件超、１・４兆円の利用が殺到したことを先に紹介したが、日

郵便はがき

料金受取人払郵便

神田局
承認

7846

差出有効期間
2024年6月
30日まで

切手を貼らずに
お出し下さい。

101-8796

537

【受　取　人】

東京都千代田区外神田6-9-5

株式会社 **明石書店** 読者通信係 行

お買い上げ、ありがとうございました。
今後の出版物の参考といたしたく、ご記入、ご投函いただければ幸いに存じます。

ふりがな お名前	年齢	性別

ご住所 〒　　-

TEL　(　　)　FAX　(　　)

メールアドレス	ご職業（または学校名）

＊図書目録のご希望	＊ジャンル別などのご案内（不定期）のご希望
□ある □ない	□ある：ジャンル（　　） □ない

書籍のタイトル

◆本書を何でお知りになりましたか？
□新聞・雑誌の広告…掲載紙誌名［　　　　　　　　　　］
□書評・紹介記事……掲載紙誌名［　　　　　　　　　　］
□店頭で　□知人のすすめ　□弊社からの案内　□弊社ホームページ
□ネット書店［　　　　　　］　□その他［　　　　　　］

◆本書についてのご意見・ご感想
■定　　価　□安い（満足）　□ほどほど　□高い（不満）
■カバーデザイン　□良い　□ふつう　□悪い・ふさわしくない
■内　　容　□良い　□ふつう　□期待はずれ
■その他お気づきの点、ご質問、ご感想など、ご自由にお書き下さい。

◆本書をお買い上げの書店
［　　　　市・区・町・村　　　　書店　　　　店］

◆今後どのような書籍をお望みですか？
今関心をお持ちのテーマ・人・ジャンル、また翻訳希望の本など、何でもお書き下さい。

◆ご購読紙　(1)朝日　(2)読売　(3)毎日　(4)日経　(5)その他［　　　　新聞］
◆定期ご購読の雑誌［　　　　　　　　］

ご協力ありがとうございました。

ご意見などを弊社ホームページなどでご紹介させていただくことがあります。　□諾　□否

◆ご 注 文 書◆　このハガキで弊社刊行物をご注文いただけます。
□ご指定の書店でお受取り……下欄に書店名と所在地域、わかれば電話番号をご記入下さい。
□代金引換郵便にてお受取り…送料+手数料として500円かかります（表記ご住所宛のみ）。

書名	冊
書名	冊

ご指定の書店・支店名	書店の所在地域 都・道　府・県　　市・区　町・村
	書店の電話番号　（　　　　）

本の3分の2程度の人口のドイツで、ほぼ同規模の支援が最初から既存の生活保護制度を活用した「給付」によって行われたということになる。

生活保護という既存制度の組織や枠組みを借り、その資産要件・収入要件を半年間停止することで、事実上の期限付きベーシックインカムを実現したともいえる。日本の10万円の特別定額給付金より規模の大きな普遍的な給付を半年間継続支給したようなものであり、何とも羨ましい限りの手厚い対応である。

しかし、これは、平時から、「求職者基礎保障」（通称は「失業手当Ⅱ」）というスティグマのない名称で、広報周知が徹底され、その利用者が国民の1割近くを占め、年間64万件の異議申立て（一部含む認容率35％）と11万件の訴訟（一部含む認容率41％）が提起され[10]、その権利性が確立しているからこそなし得たことだと考えられる。

日本でも、大災害やパンデミック等の危機時に生活保護制度を活用しようと思うなら、平時から、これを権利として活用する「文化」を確立しておかなければならない。

（4）私たちの提言——生活保護の権利性を強化して、抜本的に受けやすくすること

①名称を「生活保障法」へ変更し、捕捉率向上を目指し、大胆な広報・啓発活動を行うとともに窓口職員の教示義務を明記する。

②開始時の資産要件の緩和（現行最低生活費1か月分をせめて3か月分に）、自動車保有要件の緩和、扶養照会の原則廃止などによって利用のハードルを下げる。

①「生活保護法」から「生活保障法」へ[11]

１．法律の名称や用語の変更

日本の生活保護に相当する制度の名称は、ドイツでは「求職者基礎保障（通称「失業手当Ⅱ」）」、フランスでは「ＲＳＡ（エルサ・積極的連帯所得）」、スウェーデンでは「社会サービス法による生計（経済的）援助」、イギリスでは「ユニバーサルクレジット」、韓国では「国民基礎生活保障」と、いずれも権利性が明確な表現となっている。

そこで、日本でも恩恵的な響きのある「生活保護」から「生活保障」に法律の名称自体を変え、用語についても、「被保護者」→「利用者」、「保護」→「生活保障給付」、「扶助」→「給付」と、より権利性の明確な表現に変える必要がある。

２．捕捉率の調査・向上義務の明記

日本の生活保護の利用率（１・７％）は他の先進国と比べても著しく低く、その捕捉率（制度を利用する資格のある人のうち現に利用できている人の割合）は２～３割程度と言われていてかなり低い。国には国民の生存権を保障する義務がある以上、捕捉率は本来１００％に近づけなければならない。

そこで、捕捉率を調査し向上しなければならないという義務を法律に明記する必要がある。

３．国や自治体の広報・啓発義務、窓口職員の教示義務の明記

低い捕捉率の原因は、繰り返し述べてきた制度に対する強い忌避感や知識不足、窓口職員の違法な水際作戦にある。そこで、こうした現状を変えるためには、国や自治体の広報・啓発義務を法律上明記して、我が国における生活保護を取り巻く意識や文化そのものを変革するような大胆なキャンペーンを行う必要がある。

また、窓口職員による違法な水際作戦を根絶するためには、職員の教示義務を法律に明記し、職員に対する指導・教育を徹底するとともに、違反があった場合には、自治体や職員個人に対する厳しい責任追及が行われるよ

うにする必要がある。

②制度の運用の改善（緩和）

1．保護開始時の預貯金要件の緩和

現在は、当該世帯の1か月分の最低生活費以上の預貯金があると保護が開始されない。そのため、「まる裸」にならなければ生活保護が受けられない一方、いったん生活保護を受けると脱却するのが難しい状況にある。

他の国では、フランスやスウェーデンでは預貯金の保有限度額自体がなく、イギリスでは16000ポンド（約270万円）、韓国の都市部では5400万ウォン（約540万円）、ドイツでは3100～9900ユーロ（約46万～約146万円）となっている。

そこで、日本においても、社会保障審議会・生活保護制度の在り方に関する専門委員会報告書（2004年12月15日）が提案した「最低生活費の3か月分」程度については、せめて保有を認めるべきである。

2．自動車保有要件の緩和

既に述べてきたとおり、相談会でも自動車保有がネックとなって生活保護の利用につながらないケースが特に地方で多くみられた。

そこで、処分価値が乏しい（具体的には当該世帯の最低生活費の6か月分以下の）自動車については、任意保険に加入し維持費負担が可能であることを条件として、生活用品としての保有を認めるべきである。

3．申請者の同意のない扶養照会の廃止

電話相談会では親族から反対されたり、親族への扶養照会がされることから、生活保護の利用をためらう声が多く聞かれた。そもそも、日本のように広範に民法上の扶養義務が定められている国は珍しい。諸外国にならい、扶養義務の範囲を「夫婦相互間」と「未成熟の子に対する親」の義務に限定すべきである。

また、本来、保護を申請する要扶養者が親族に対してもつ「扶養請求権」を行使するかどうかは、要扶養者が判断すべきことであるから、扶養照会を行うのは、申請者の承諾がある場合に限るべきである。

4．小括

上記1．ないし3．の内容は、いずれも法改正は必要なく、厚生労働省通知の改正による運用改善で行えることである。そして、これらの点だけでも改善されれば、生活保護は相当使いやすくなるはずであり、早急な改善が求められている。

2 住宅保障

(1) 電話相談に寄せられた声から浮き彫りになった課題

住居は生活の基盤である。ひとたび住居を失えば、地域社会とのつながりを失うし、就職するのも難しい。新たに住居を確保し家財道具を揃えるには、まとまった資金を要するから、容易なことではない。だからこそ、家賃を滞納し、早晩家を失うかもしれないという不安には計り知れないものがある。

電話相談会には、最初から最後まで家賃滞納による不安の声が寄せられ続けた。

◆80代単身女性。年金月額10万円。飲食店でアルバイトをしていたが、自宅待機と言われ、その後、雇止めされた。家賃8・5万円を払うと生活費が残らず、家賃滞納。10万円の給付金、社協からの借入額はもう残っていない。(2020.10)
◆70代男性。家賃滞納40万円で退去しネットカフェで生活している。所持金5千円。他に借金18万円。(2021.2)
◆60代男性。コロナで失職。仕事なく、貸付金延長認められず。貯金3円。家賃3か月滞納。(2021.4)

◆20代女性。コロナの影響でコンビニのシフトがゼロになり生活できない。家賃を2か月滞納。仕事を探しても見つからず、夜の仕事をするようになったが月10万円くらいにしかならず生活は苦しい。（2021.6）

既に住まいを失って、友人・知人宅への居候や車上生活などホームレス状態に陥っている人からの相談も少なからず寄せられた。

◆風俗店の電話番をしていたが、どこも閉店し解雇された。家賃3か月滞納しホームレスになり、仕事も探しようがない。（2020.6）
◆実家で虐待があり知人宅に身を寄せている。アパートを借りて一人暮らししたいが、アパートを借りるための敷金と身元保証人のアテがない。（2020.6）

（2）政府の支援策とその問題点——住居確保給付金の要件緩和による活用

1．利用が低迷していた「住居確保給付金」

２０１５年４月に施行された生活困窮者自立支援法に「住居確保給付金」という制度がある。生活困窮者に対して家賃を補助する制度であるが、その前身は、リーマンショック後の２００９年10月に派遣切り等にあった失業者支援のための緊急特別措置事業として始まった「住宅手当」にある。この「離職者に対する再就職支援」という発生史的な位置づけは、生活困窮者自立支援法３条３項にも明記されてしまっている。それが、①65歳未満、②離職・廃業後2年以内、③誠実かつ熱心な常用就職を目指した求職活動、④求職者支援法に基づく職業訓練受講給付金との併給禁止などの厳しすぎる要件を招いていた。そのため利用は低迷し、コロナ禍前の２０１９年度までは年間４０００件程度の利用件数で推移していた。

2．要件緩和による積極活用

しかし、コロナ禍で比較的大胆な要件緩和が重ねられたため飛躍的に利用件数が増えた。すなわち、2020年度の年間決定件数は約34倍の13万5千件へと激増し、2021年度も11倍超の4万5千件と高止まりしており、生活困窮者の生活基盤を支えるうえで相当の役割を果たしてきたのである。

まず、2020年4月、①の65歳未満という要件が廃止され年齢制限がなくなり、②についても「離職」に至らない「減収」の場合でもよいこととなった。この2点の要件緩和が利用増に果たした効果は特に大きかった。一方で、「離職」していない「減収」者も対象にしながら、③誠実かつ熱心な求職活動要件が残されたため、失業していないのにハローワークでの求職活動を求められるなど混乱をもたらした。この求職活動要件も回数を減らすなどの緩和が図られたが、わかりにくさが残った。

なお、④については、2021年6月からコロナ禍の特例として職業訓練受講給付金との併給を認める運用が始まったが、2023年4月からは、これが恒久化された。

先に見たドイツの対応に比べれば中途半端感はぬぐえないが、特例貸付とは異なり、給付制度を改善して積極利用した点においては、一番評価できる施策だったといえるかもしれない。

3．なお残る課題

しかし、フランスやスウェーデンでは国民・市民の約2割が利用するなど、欧米では当たり前となっている住宅手当（家賃補助）制度と比較すると、日本の住居確保給付金は、なお著しく制限的で使いにくい。

必ずまた来るであろう災害やパンデミックに備え、次項で述べる諸点の改善を図り、より普遍的な住宅手当（家賃補助）制度に発展させることが重要である。[12]

（3）私たちの提案——住居確保給付金を普遍的な住宅手当（家賃補助）に脱皮させること

①離職・減収要件と求職活動要件を撤廃し、収入基準・資産基準のみのシンプルな制度にする。
②収入基準・資産基準を緩和し、支給家賃上限額を引き上げる。
③支給期間（9か月）を大幅に延長する（少なくとも3年程度に）。

①離職・減収要件と求職活動要件の撤廃

生活困窮者の中には、高齢者、障害者、傷病者、幼児を育てる一人親など再就職が難しい者が多く、こうした人を支給対象から除外する理由はない。そもそも、「現に経済的に困窮し、最低限度の生活を維持することができなくなるおそれのある者」（同法3条1項）を生活困窮者として支援対象とする同法の中で、住居確保給付金だけが再就職支援の位置付けとなっているのは同法の趣旨にそぐわない。

したがって、生活困窮者自立支援法を改正し、離職・減収要件や給食活動要件自体を撤廃し、収入基準・資産基準だけのシンプルな家賃補助制度に脱皮させるべきである。

②収入基準・資産基準・支給家賃上限額の引上げ

収入基準額は、例えば東京23区（一部を除く）の場合、単身世帯で13万7700円以下、2人世帯で19万4000円以下と生活保護基準額と大差がない。同法3条1項が、最低限度の生活を維持することができなくなる「おそれのある者」を支援対象として設定していることからすれば、例えば、生活保護制度における最低生活費の1・3倍程度で収入基準を設定することなどを検討すべきである。

資産基準額は、世帯の預貯金現金の合計額が収入基準額の6か月分（最大100万円）以下であり、最低生活費の1か月分しか認められていない生活保護に比べればマシではあるが、なお十分ではない。

支給される家賃の上限額も、生活保護の住宅扶助特別基準と同額（東京都の単身世帯で5万3700円、2人世帯で6万4000円、大阪市の単身世帯は4万円、2人世帯は4万8000円）に過ぎない。2015年の住宅扶助基準の引下げによって住宅扶助基準額自体が低くなりすぎているため、その引上げが必要であるし、収入基準同様に住宅扶助基準額の1・3倍程度の家賃額を設定することを検討すべきである。また、ドイツの対応で見たように1年に限り現実の家賃額を支給する扱いなども検討すべきである。

③支給期間の大幅延長

現行の支給期間は、原則3か月（最大9か月）で、コロナ禍の特例措置によっても3か月に限り再支給が認められるにとどまっており、あまりにも短い。

まずは、せめて3年程度にするなどして大幅に支給期間を延ばす必要がある。

3　年金

（1）電話相談に寄せられた声から浮き彫りになった課題

この電話相談会の特色は、一貫して中高年齢者からの相談が多くを占める点にある。とりわけ70代、80代といった後期高齢者からの切迫した相談の多さが印象的である。

低年金、無年金のため、タクシー運転手、警備員、清掃、スーパーの試食販売員、飲食店店員といった様々な仕事に就き、時にはダブルワークもして、何とか生計を維持している高齢者がこんなにもいるのかと驚かされた。コロナ禍で、こうした仕事自体がなくなったり減ったりした際、高齢者は、若い人に競り負けて仕事を失い、たちまち生活困窮に陥る。家賃も滞納し、所持金もわずか、借金をして何とか生存を維持する。年金額も年々減らされており、優雅な年金生活とは程遠い、悲惨な老後である。

◆70代男性。所持金745円で食事も取れていない。年金7~8万円で代行運転のアルバイトをしているが3月から仕事がない。社長に1万円支払って物置みたいなところに住ませてもらっている。借金もあり税金も滞納しているが生活保護は受けられるか。(2020.6)
◆70代単身女性。6年間、清掃の仕事に派遣されていたが、6月の契約更新前に、派遣先の仕事を切られた。ダブルワークで飲食店のパートもしてきたが、コロナで休業となった。現在、月11万円の年金収入だけであり、家賃だけで7万円以上なので、生活が苦しい。(2020.6)
◆80代女性、夫と2人暮らし。派遣でスーパーの試食販売の仕事をしていたが、3月から仕事がなくなり休業補償もない。無年金で生活が苦しい。(2020.6)
◆60代一人暮らし、女性。低年金を補うためにパートをしていたが失業。生活費の不足分はサラ金から借金している。持病があるが受診も控えている。もともと年金が少ないのは自分の責任だから仕方ない。(2020.8)
◆60代単身男性。月額3万9000円の年金だけでは足りないので、パートでクリーニング店の配達の仕事をしている。コロナで稼働日が半分になり収入減。電話料金滞納、水道も止められた。テレビは壊れ、ラジオだけ。(2022.2)
◆80代男性。年金が2か月で7000円も減らされて物価も上がり困っている。年金を増やしてほしい。旅行支援で旅行に行く人がうらやましい。どん底にいる人の気持ちもわかってほしい。(2022.10)

(2) 私たちの提案——最低保障年金を創設すること

低年金、無年金による生活破綻を防ぐためには、就労収入を得ることが困難な高齢者や障害者に対して、生活保護の生活扶助費に相当する程度の「最低保障年金」を支給する制度を創設すべきである。

先に述べた住宅手当（家賃補助）制度とこの最低保障年金制度が整備されれば、高齢者・障害者の基礎的な生活上のニーズは保障されることになる。結果として、現在、生活保護利用世帯の大部分を占める高齢者世帯（55・6％・2021年度）、障害・傷病者世帯（24・8％・同前）が生活保護の利用から退出し、生活保護の財政規模は小さくなる。年金や住宅手当が充実したドイツやフランスでは、日本の生活保護に相当する制度の利用者のほとんどは稼働年齢層の失業者であるというが、日本もそうした先進国に肩を並べる国を目指すべきである。

注

1 令和2年4月7日付事務連絡「新型コロナウイルス感染防止等のための生活保護業務等における対応について」
2 令和2年9月11日事務連絡「現下の状況における適切な保護の実施について」
3 令和3年3月30日事務連絡「『生活保護問答集について』の一部改正について」。この運用改善を活かすには、扶養照会されたくない人は、その意思と具体的理由を記載した「扶養照会に関する申出書」（つくろい東京ファンドＨＰで検索）に予め記入して、保護の申請時に提出するとよい。
4 令和2年3月10日付事務連絡「新型コロナウイルス感染症防止等に関連した生活保護業務及び生活困窮者自立支援制度における留意点において」
5 令和2年4月7日付事務連絡「新型コロナウイルス感染防止等のための生活保護業務等における対応について」
6 令和3年4月6日付保護課長通知「新型コロナウイルス感染症拡大の影響下の失業等により就労を中断している場合の通勤用自動車の取扱いについて」
7 令和2年9月11日付事務連絡「現下の状況における適切な保護の実施について」
8 生活保護手帳別冊問答集問7－97
9 本項の記載は、2020年5月24日に開催された「公正な税制を求める市民連絡会」主催のｚｏｏｍ学習会「諸外国に学ぶコロナ危機対応①ドイツ」における布川日佐史法政大学教授の講演内容に拠る。

10 生活保護問題対策全国会議編『「生活保護法」から「生活保障法」へ』（明石書店）94頁

11 あるべき「生活保障法」のより具体的な内容については、日弁連の「生活保護法改正要綱案（生活保障法案）改訂版」（日弁連HP）や、生活保護問題対策全国会議編『「生活保護法」から「生活保障法」へ』（明石書店）を参照。

12 2022年12月8日付け日弁連会長声明「住居確保給付金の支給要件を抜本的に緩和し、より普遍的な住宅手当制度に発展させることを求める会長声明」参照。

第5章

コロナ禍から見えてきた女性・シングルマザーの貧困

寺内順子（大阪社保協・シンママ大阪応援団）

はじめに

２０２０年４月から２０２２年12月までのコロナ無料電話相談（ホットラインと略）には1万5千件を超える相談が寄せられた。私も初回から相談員として参加し、第3回からは大阪社会保障推進協議会（大阪社保協）として組織的に参加し、さらに事務局を担った。

毎回ホットライン終了直後に「特徴的な事例」が事務局に寄せられる。そのすべての中から、「女性」「シングルマザー」をキーワードに事例を抽出してみた。まずはここからコロナ禍における女性・シングルマザーのリアルと問題点について明らかにしてみたい。

また、このホットラインはテレビ・ラジオ・新聞などのマスコミ媒体を通して報道され電話で相談するという形態なので、相談者は中高年、特に高齢者が多いというのが特徴であり、20歳代、30歳代の女性やシングルマザーの実態が反映されない。シングルマザーは20歳代から40歳代という年齢層が中心となるので、そうした年代を補足する意味で一般社団法人シンママ大阪応援団のコロナ禍での活動や困りごとの特徴も紹介する。

そして女性・シングルマザーの貧困の背景について考え、最後にいま女性やシングルマザー、若者に必要な政策について提案する。

１ コロナホットラインから見えてくる女性・シングルマザーのリアル

（１）派遣切り、突然の休業、シフト減、雇止め、解雇

２０２１年度の全労働者数は女性３００２万人、男性３７１１万人。そのうち非正規雇用労働者は、男性６５２万人（21・8％）、女性１４１３万人（53・6％）であり、女性たちは非常に高い割合で非正規で働いている（令和４年度男女共同参画白書）。

コロナ禍の中で派遣切り、休業、シフト減、雇止め、解雇で収入を失ったという相談は初回（第１回２０２０年４月）から最終回（第17回２０２２年12月）までとどまることがなかった。いかに女性たちが簡単に切られ、見捨てられているのかを物語っている。

次の外国人女性の言葉は日本の労働市場の理不尽さを的確に表している。

「フランスから日本に出稼ぎ中だが日本の雇用制度や文化に幻滅している。外国語を生かした観光業だが、新型コロナ後、解雇になった若い女性の応募が多いらしく、この年齢では何度面接しても採用されない。労働者の使い捨ての日本、女性に対する差別の日本、もう日本が嫌いになった」（40代女性 2020.6）

◆派遣で食品の試食販売をしている。日当8千円。2月から5日、3月は2日、4月は1日しかない。休んでくれと言われている。電気代など年金で支払えない。家のローンが毎月3万円。保険料も支払えない。（2020.4）
◆30代女性、単身。短期1～2か月の派遣労働を続けてきたが、コロナにより派遣の紹介が途切れ、仕事がない状況。これまで、派遣で、戦場のような現場を転々としてきて、使い捨てにされたと感じており、心理的に疲弊。求職活動

をしているが、仕事が見つからない。(2020.10)
◆50代女性、単身。今年に入り、派遣のシフト日数がコロナで激減し、休業補償もなし。生活が安定しない。家賃が1月から滞り、取立てが家に来て怖い。手持ち金が2千円しかない。
◆50代女性、単身。2021年12月末にコロナで派遣契約が打ち切られた。その後、うつ状態で働けず、4月から派遣で働き始めた。1月から4月の家賃が払えず、退去通知が来た。(2022.6)

(2) シングルマザーからの悲鳴

シングルマザーの場合は離婚後パートなどの非正規で働く人たちが多い。さらに子どもが大きくなるにつれ教育費の支払いが大きくのしかかり生活費を圧迫する。

2020年夏に実施された「特別定額給付金」は住民票の世帯主に家族分が振り込まれるという制度設計であったため、DVなどから逃げて住民票を移動させていないシングルマザーのもとには届かなかった。個人給付と言いながら世帯給付となっていることにより、問題が起きた。

◆40代女性。日本に21年間住んでいる外国人のシングルマザー。アクセサリーを作っているが、4月は収入がまったくない。100万円の給付金を受けたい。娘の住民票は元夫のもとにあり10万円の給付金が元夫に支給されてしまう。元夫に住所を知らせたくない。住民票を移動できない人にも給付してほしい。(2020.4)
◆40代女性。パートで飲食業で働いているが、4月初めより正社員のみ出社しパートは休業するよう言われている。息子が来年大学に進学するが、このまま無収入では子どもの学費と仕送りが厳しくなる。(2020.6)
◆50代シングルマザー。大学生の子どもは遠方でアルバイトで生活費を賄い一人暮らし。仕送りをする自分は長年事務職をしてきたが昨年末で契約が切れ、現在は食品会社に勤務。コロナの流行で飲食店の客が減って在庫が積み上がり、仕事を休むよう会社から言われている。欠勤扱いで休業補償がない。日払いの肉体労働を見つけてしのいでいるが、収入が激減。家賃・水光熱費も2か月滞納。自動車のリース代2万5千円も払えていない。固定電話は滞納で止められた。(2020.10)

◆女性。中学生の子と高齢の母親の3人世帯。子どもに障害があり、不登校で、母親も体調が悪く無職。高齢の母が亡くなったら、生活できないので、自分たち母子が死体で見つかる事件になるのではと考えてしまう。市役所に電話しても、何も助けてくれない。(2020.12)

◆子2人を養育するシングルマザー。元夫がコロナ減収により養育費を打ち切ってきたため、総合支援資金の申し込みをしようとしたところ、養育費の減収は対象外と言われて、申し込みをさせてもらえなかった。児童扶養手当を受給する際には、養育費も収入としてカウントされて金額が決まるのに、総合支援資金では養育費の減収を対象にしないのは理不尽。(2021.4)

(3) 生活保護の誤った運用と女性たちへの差別的な扱い

「失業した」「シフトが減らされて生活費が足りない」「暮らせない」、まさにそういう時にこそ生活保護制度の出番なのに、ホットラインに寄せられた女性たちからの相談では、生活保護の誤った運用や理不尽な扱い、制度に対する誤解がまん延していることなどがうかがえた。

なお、生活保護に関しては第4章に詳しく紹介されているのでここでは省略するが、福祉事務所での理不尽で不当な扱いの中には「女性差別」「女性へのハラスメント」が色濃く見えている。

◆40代女性、単身。精神障害のため不就労。家賃を払うとほぼ手元にお金が残らない。生活が苦しいので市役所に生活の相談に行ったところ、「オマエのようなバカ女に渡す金はない！　女なんだから、体を売ればよいだろう！」など怒鳴り散らされ、まったく話を聞いてもらえなかった。現在、水道とガスは止められて電気代だけかろうじて払っている。食べ物を買うお金がないので、日中だけ近くの友人の家に行って、食事を供与してもらっている。やはり生活保護の申請をしたいのだが、面接室で怒鳴られたときの記憶が蘇って、震えが出てしまう。（2022.8）

信じられないような窓口での暴言だが、私がこれまで出会った女性たちのなかでも、困窮して福祉事務所を訪れ生活保護申請の相談をしたときに「若くていい体があるんだから使って働けば」「ミナミに行けば働き口くらいあるでしょう」などと暗に体を売ることや水商売にいけばどうかという言葉をなげかけられたという人たちが少なくない。乳飲み子をかかえていてもである。コロナ禍の中でも困窮した女性たちに体を売れと言い放ったり追い返したりする事例が後を絶たない。

◆30代女性。収入が減って家賃・光熱水費が払えていない。生活保護の相談に行ったが「若いから働きなさい」など2回追い返された。（2021.6）

◆40代女性。スナックで働いていたが休業続き。貯金とパートでしのいできたが、もう限界。社協の借り入れも受けてしまったので生活保護の相談に行ったら、「若いからどうにかなるでしょ」と言われた。

◆40代女性。化粧品会社で働いていたがコロナで失職。困窮者自立支援センターで援助を受けているが「歓楽街の店で働いたら」と言われた。現在、手持金わずか。（2021.12）

◆40代女性、単身。2月から病気で働けない。現在は傷病手当で生活中。役所に保護申請に行ったら「短時間でも頑張って働いたら」と言われた。（2022.6）

（4）コロナ感染による困窮

２０２１年８月のホットラインから「子どもが感染し濃厚接触者になり…」「職場で感染者がでたため…」「自身が感染し…」仕事に行けないという相談が増えた。第５波の頃でオミクロン株となり子どもから家族への感染が広がることとなった。その後の波は常に子どもから大人への感染となるため、シングルマザーなどからの相談が増えることとなった。

◆子どもがコロナに感染し、自分が濃厚接触者となり仕事を休んでいる。出勤できない分の補償はあるのか。(2021.8)
◆50代女性、保育園勤務。職場で陽性者が出て保健所から14日間の閉園を指示され休業。その間の補償はあるか。(2021.8)
◆40代女性。息子が陽性となり2人でホテル療養中に自身も陽性となって入院のうえ退院した。パート先（接客業）に復職しようとしたら、勤務先から9月末までの自宅待機を指示された。その間の補償はないのか。(2021.8)
◆女性。介護施設で働いている。施設内で感染者が出て会社から10日間の休みを指示された。有給休暇として処理されていたことがわかったが、おかしくないか。(2021.8)

（5）物価高でさらに困窮

２０２２年６月以降はコロナ禍より物価高による生活困窮を訴える声が増えていく。また、年金や生活保護で生活していてもなお苦しいとの相談が多く寄せられるようになった。

◆70代女性、年金暮らし。物価が上がるのに支給は２０００円減った。生活保護を受けたい。(2022.6)

◆50代女性、単身。腰痛で働けなくなり、生活保護を受けるようになったが、この物価高のあおりで、生保では生活がたちゆかなくなった。(2022.6)
◆50代女性、単身。収入は障害年金月９万５０００円。持家だが、玉ねぎが1個１７０円もするなど、物価高騰で生活が苦しい。(2022.6)
◆シングルマザーで大学生の子がいる。金銭的に厳しいが子供の希望はかなえてやりたい。貸付は受けられないか。他にどんな手段があるか。(2022.6)
◆80代女性、単身。生活保護を利用させていただきながら、申し訳ないとは思うが、生活費が足りない。高齢で身体も弱ってきており、物価上昇で、ガスは最低限しか使わず、エアコンは使うと電気代が大変なことになるので、一日中湯たんぽを抱いて過ごしている。他者とのコミュニケーションはほとんどない。(2022.12)

２　一般社団法人シンママ大阪応援団の活動から見えてきたこと

大阪社保協は２００９年度から運動の柱に「子どもの貧困解決」を据え取り組んできた。子どもの貧困は親の貧困である。とりわけシングルマザーの貧困問題が深刻であり、２０１５年5月に「シングルマザーと子どもの支援サイト〜シンママ大阪応援団（応援団と略）」を立ち上げた。

「シンママ」とは若い人たちが「シングルマザー」のことをそう呼ぶのだとサイト作成者から聞き、「シンママ」「大阪」「支援」というキーワードで検索できるようにそう名付けた。応援団につながったママたちに聞くと、「夜中眠れないときにスマホでシンママ、大阪、と検索した」「助けてくれるところがないか必死にシンママ支援で検索した」ということであった。

当初はサイトからメールで寄せられる相談に答えたり団体を紹介しつないでいくことを想定していたが、それ

表1 スペシャルボックス発送数実績

	2016年	2017年	2018年	2019年	2020年	2021年	2022年	2023年
1月		8	40	57	60	126	174	216
2月		8	41	58	61	132	240	210
3月		9	42	56	78	138	210	214
4月		9	45	59	81	126	200	210
5月		10	47	57	110	128	210	215
6月		17	47	57	103	134	200	0
7月		22	48	56	98	138	190	0
8月		24	50	59	110	163	210	0
9月		27	50	60	111	163	200	0
10月		32	51	61	106	170	200	0
11月	6	33	53	62	117	180	215	0
12月	7	36	56	63	124	191	215	0
合計	13	235	570	705	1,159	1,789	2,464	1,065

だけでは済まないシンママたちの貧困の実態にぶちあたり、2016年11月から「スペシャルボックス」とシンママたちが呼ぶ食糧支援を始めた。

(1) スペシャルボックスを通して見えるシンママ世帯の困窮

スペシャルボックスは申請も登録もいらない。シンママたちからSOSが寄せられれば毎月何にも言わず、聞かず、米・レトルト食品・缶詰・野菜・お菓子・ジュース・日用品・本・衣類など欲しいもの、必要なもの、心が元気になるものを詰め込んで送る。

コロナ禍以降食糧支援を求めるSOSが殺到した。その推移は表1の通りである。2020年2月までがコロナ禍以前、3月以降がコロナ禍となる。2022年2月が240と一番多いのは第6波の時で大阪を始め大都市で保健所機能が崩壊、食糧支援などが間に合わなくなり、全国のシンママから食糧支援を求めるSOSが殺到したためである。

・コロナ禍でのＳＯＳの特徴

コロナ禍以前、応援団に寄せられるＳＯＳはＤＶのことや離婚のことなど相談から入ってくるケースがほとんどで、名前や住所など連絡先を書かない人が多く、生活苦が見え隠れする相談にはこちらから、「食べ物ありますか？」「お米送りましょうか？」と問いかけをするというのが常であった。欲しい場合は名前と連絡先を明記してくるので、その後もつながり続けることができるからである。

しかし、コロナ禍の中では一変し、「コロナで失業しました。助けてください」「コロナで収入が減り子どもに食べさせるお米がありません」「食糧支援をしていただけないでしょうか」「三度の食事ができません」というＳＯＳばかりとなった。

（２）コロナ禍でなにがおきたのか

・真っ先に切られた不安定雇用のシンママたち

２０２０年3月から自粛が始まり真っ先に影響が出たのは、学校関係で働くママたち、観光関連の仕事につくママたちだった。

公立学校で外国籍の子どもたち向けの授業をしていた非常勤嘱託のママは学校の休業により自宅待機となり収入を失った。観光地の食堂でパートで働くママは、時短となり、ついに店の臨時休業に伴い無給での自宅待機となった。派遣社員として事務で働くママは自宅待機となった。また旅行会社の事務で働くママは大阪支社が閉鎖し東京本社への異動を打診され、転職を余儀なくされた。外国の団体の日本支部の事務をしていたママはコロナ一年目には仕事が皆無となり無収入となった。

・休めない社会保障現場で働くシンママたち

医療・介護・障がい福祉・保育など社会保障現場で働くシンママたちも多い。これは離婚後に「ひとり親職業訓練給付金」などを活用して医療・介護・保育の資格取得をする人たちが多いからである。

こうした職場で働くママたちはコロナ禍の中でも感染におびえながらも休むことができず、働かなければならないという事態に直面した。

医療事務で働くママは感染におびえながら通勤し、勤務先からはマスクの支給もされずに最前線にいた。介護職のママは現場の状況から仕事を休むといえず、小学生の2人の子どもがおり、学校に行かせてほしいと申し出ると教頭から「上の子（6年生）に下の子（3年生）を観させるように」と言われた。医療現場で働くまた別のママは「学童保育が超過密なので休ませてほしい」と申し出たところ「他はいくらでもいるので辞めてもらったらいい」と言われ、保育現場で働くママは休むことができず、もともと不安定な精神状態が悪化し退職に追い込まれた。さらに現場の緊張が高まる中、職場の人間関係が悪くなり、さらにはパワハラやモラハラが横行して精神的に追い込まれ休職や退職に追い込まれるシンママが増えていった。

・子どもたちが家にいることで生活費が増大

２０２０年春の学校休業は食費と高熱水費の増大を引き起こした。給食は貧困なシンママ世帯にとって非常に大きい意味を持つが、それがなくなったことで食費は1・5倍に、そして子どもたちが家にいることで電気代と水道代（主にトイレ）も増大。収入が減る一方で支出が1・5倍、2倍となり生活困難に陥り、ＳＯＳが次々と寄せられるようになった。

応援団には生活保護を利用しているママたちもいるが、収入は変わらない一方で支出が増大しているために生活苦に陥っている。

・ストックのない暮らし

２０２０年春、マスクやトイレットペーパー・生理用品、パスタやラーメンなどが店頭から消えた。普段からぎりぎりの生活をしている貧困世帯は買い置きやまとめ買いができないため、こうした事態にはまったく対応ができない。生理用品が買えなかったため大人のおむつをママと高校生の娘が代用していた。

コロナ第６波からのオミクロン株は子どもから大人に感染が広がった。シンママ世帯には子どもがいるため、その感染から逃れることができず、子どもが次々と感染し、母が濃厚接触者に、最後に母が感染というルートをたどり、一か月まったく仕事ができないというママも。さらに、充分に食べていないことで免疫力が低く、何度も感染する世帯が多い。

第６波以降、大阪では特に保健所機能が崩壊し、74歳以下にはファーストタッチも来ないという状況となったため、公的な食糧支援につながらない人たちが続出した。

困窮しているシンママ世帯はとにかく毎日一番安いものを必要最小限購入してやりくりするという生活スタイルなのでストックがない。そのため、家から出られない、買い物ができないとすぐに食糧・日用品が尽きてしまう。困窮するシンママ世帯はとにかく緊急時や災害に弱い。

・オンラインに対応できない

コロナ禍のもとで、何が大きく変わったのかといえば、それはオンラインの導入であろう。

２０２０年春からオンライン授業導入が急速に進み、今後コロナ禍が終息したとしてもオンラインが標準となることは明白である。しかし、オンラインにはお金がかかる。困窮するシンママ世帯ではタブレットやパソコン、Ｗｉ－Ｆｉ環境さえも整備されていない世帯が多くある。

義務教育世代の子どもたちには自治体からノートパソコンやタブレット、さらにはＷｉ－Ｆｉの給付や貸与が

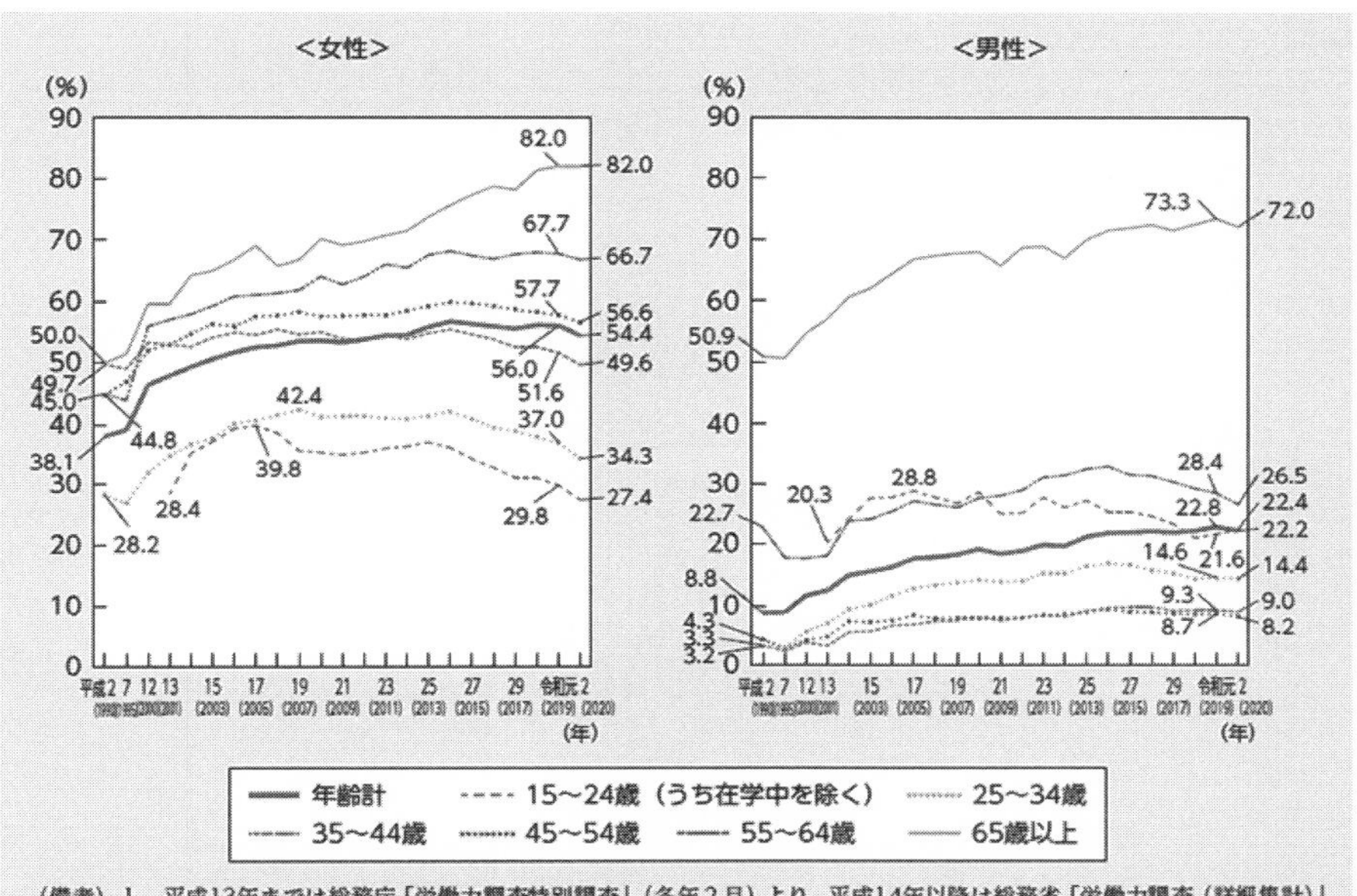

（備考）１．平成13年までは総務庁「労働力調査特別調査」（各年２月）より，平成14年以降は総務省「労働力調査（詳細集計）」（年平均）より作成。「労働力調査特別調査」と「労働力調査（詳細集計）」とでは，調査方法，調査月等が相違することから，時系列比較には注意を要する。
２．「非正規の職員・従業員」は，平成20年までは「パート・アルバイト」，「労働者派遣事業所の派遣社員」，「契約社員・嘱託」及び「その他」の合計，平成21年以降は，新たにこの項目を設けて集計した値。
３．非正規雇用労働者の割合は，「非正規の職員・従業員」／（「正規の職員・従業員」＋「非正規の職員・従業員」）×100。
４．平成23年値は，岩手県，宮城県及び福島県について総務省が補完的に推計した値。

図１　年齢階級別非正規雇用労働者の割合の推移

あるが、高校生・大学生世代は放置された。授業だけでなく、大学・専門学校入学や就職活動にもオンラインは必須であり、スタートラインに立てない学生が多々生まれている。

シンママ大阪応援団ではオンラインサポートが急務であると考え、２０２１年、２０２２年に18人の高校生・大学生に対してノートパソコン・プリンター・ポケットWi－Fiの給付を行った。

３　女性・シングルマザーの貧困の背景を考える

そもそも、女性やシングルマザーたちはコロナ禍以前から貧困であったが、コロナ禍で可視化され、貧困が深刻化した。そしてその貧困の要因は日本特有で、複合的で

表2　2022年全国最低賃金・月収試算（筆者計算）

都道府県名	最低賃金時間額【円】	月収（1日8時間×25日で計算）
北海道	920	184,000
青森	853	170,600
岩手	854	170,800
宮城	883	176,600
秋田	853	170,600
山形	854	170,800
福島	858	171,600
茨城	911	182,200
栃木	913	182,600
群馬	895	179,000
埼玉	987	197,400
千葉	984	196,800
東京	1072	214,400
神奈川	1071	214,200
新潟	890	178,000
富山	908	181,600
石川	891	178,200
福井	888	177,600
山梨	898	179,600
長野	908	181,600
岐阜	910	182,000
静岡	944	188,800
愛知	986	197,200
三重	933	186,600
滋賀	927	185,400
京都	968	193,600
大阪	1023	204,600
兵庫	960	192,000
奈良	896	179,200
和歌山	889	177,800
鳥取	854	170,800
島根	857	171,400
岡山	892	178,400
広島	930	186,000
山口	888	177,600
徳島	855	171,000
香川	878	175,600
愛媛	853	170,600
高知	853	170,600
福岡	900	180,000
佐賀	853	170,600
長崎	853	170,600
熊本	853	170,600
大分	854	170,800
宮崎	853	170,600
鹿児島	853	170,600
沖縄	853	170,600
全国加重平均額	961	192,200

ある。

・要因①女性労働者の貧困

図1は総務省統計局労働力調査による「年齢階級別非正規雇用労働者の割合の推移」で、令和2年度の女性労働者全年齢の非正規率は54・4%、男性は22・2%で倍以上である。女性の場合、25歳から35歳ですでに34・3%と男性全年齢の非正規率より高く、35歳から44歳でほぼ半数の49・6%となり、それ以上の年齢では50%を大きく超える（出典は男女共同参画白書令和3年度版）。

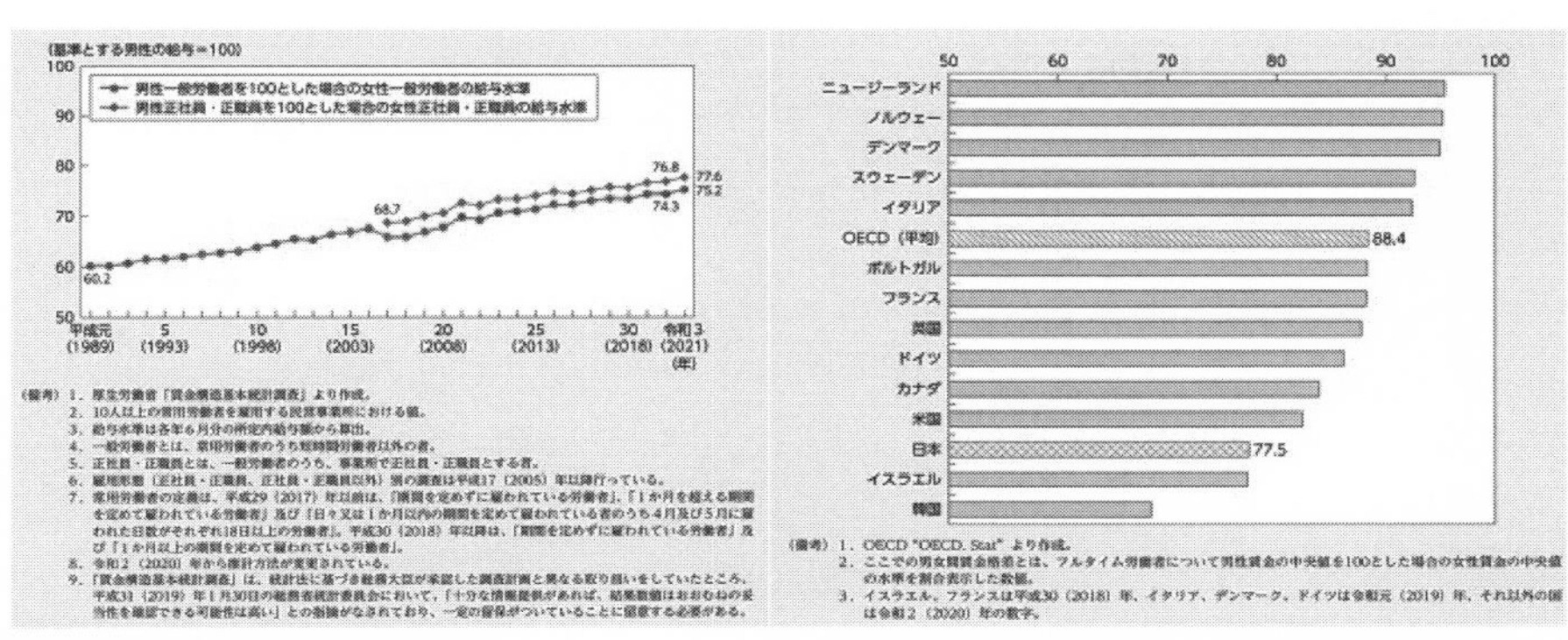

図2 男女間賃金格差の推移

図3 男女間賃金格差の国際比較

非正規雇用労働者の賃金は概ね最低賃金の時給である。表2は2022年の全国の最低賃金で、月収を1日8時間25日勤務で計算してみた。月収20万円を超えるのは東京都・神奈川県・大阪府のみで、その他の道府県では20万円を大きく下回る。この金額が総収入であり、ここから所得税・住民税が引かれ、さらに健康保険料・年金保険料を支払うこととなり、生活費は限りなく減っていき手取りは10数万円ということとなる。さらにそこから家賃・光熱水費・スマホ料金・Wi－Fi料金などを支払えば食費などはほとんど残らない。これは女性・シングルマザーに関わらず、非正規労働者の貧困そのものである。シングルマザーは、たった一人で育児・家事をしなければならないため、8時間労働をすることがそもそも難しく、パートタイマーでの仕事が多い。そのため、計算した月収を大きく下回るケースがほとんどといえる。

・要因②男女間賃金格差

内閣府男女共同参画局データによると日本の男女間賃金格差は2021年の男性一般労働者の給与水準を100としたとき、女性一般労働者の給与水準は75・2となっている（図2）。

諸外国と比較すると、我が国の男女間賃金格差は国際的に見て大きくなっている（図3）。

また世界銀行は2023年3月2日経済的な権利をめぐる男女の格差

を調査した報告書を発表し、日本は世界の中で１０４位となり、主に先進国で構成されているＯＥＣＤ＝経済協力開発機構の加盟国の中では最下位となっている。

・要因③機能していない日本の社会保障制度

社会保障制度の大きな役割は、所得の再分配機能である。累進課税などの税および社会保険料により高所得者には重く課税し、低所得者には軽く課税または免除することを通じて資本主義経済の下で分配された所得や資産の格差（貧富の格差）の拡がりを是正する政策であるが、日本ではこれが機能していない。

前述したとおり、女性・シングルマザーの多くは非正規で働いており、医療保険は国民健康保険（国保と略）加入が多い。さらにシングルマザーは子どもの医療費助成制度とひとり親医療費助成制度を利用するため、医療保険加入が必須なので、その保険料が生活費を圧迫している。

たとえば２０２２年度の大阪市国保の場合、所得１００万円のシングルマザー世帯（母40歳代中学生と小学生の子ども）の年間保険料は16万４２８０円で所得の16％も占めており、社会保険料が貧困を拡大しているといってもいい。

さらに子どもが成長するにつれ、教育費が生活費を圧迫する。大阪市発行「奨学金パンフレット～夢と希望への掛橋」によると高校1年生の年間費用は公立で50万円、私立では１１６万円にもなる。高校授業料は無償化されたが、授業料（公立全日制だと11万８８００円）のみの無償化であり、それ以外の費用負担が多額となり、さらに毎日の弁当代や交通費などが加わる。

子どもが成長してもママたちの所得が上がるわけではないので、年々生活が困窮していく。教育費のために削るところが食費しかなく、「三度の食事がとれない」「母はご飯を食べない」という実態となる。

4 国の支援策とその問題点

(1) 国の支援策——コロナ禍3年間の現金給付

コロナ対策および物価高対策としての女性、子育て世代、シングルマザー、子どもへの現金支給は次頁のとおりである（雇用に関わる給付金は除く）。若者・学生支援のための給付金は2回しかなく、子育てをしていない女性たちへの支援は特別定額給付金以外には皆無である。

なお、給付型奨学金はコロナに関係なく2020年度から実施されている。

(2) 国の支援策の問題点

コロナ禍での上記支援策（給付金）は、いずれも「特別」「臨時」「緊急」と謳われているとおり、1回限りのもので、継続性はまったくない。こうした単発の給付金はもちろん、2023年5月8日からコロナ感染症の位置付けが二類から五類へ変更されるのに伴い、これまで実施されていた様々なコロナ対策も廃止・縮小されることとなった。

国からの交付金がストップし、市町村が実施していたコロナ対応の様々な支援制度が次々と廃止された。コロナウイルスが弱毒化しておらず、経口治療薬も自由に投薬できない中、現場では今後もいくつも波が来ることが確実視されており、その被害を被るのは低所得者・弱者であるシンママ世帯や女性たちであることが目に見えている。発熱しても発熱外来で受けるPCR検査・抗原検査も自己負担となる。当面薬代のみは無料となるが、早晩自己負担となることは目に見えている。例えば、新型コロナの治療薬「ラゲブリオ」の現在の価格で計算すると、外来での自己負担（3割負担）は最大で3万2470円と高額になり、「払えるお金がなく治療が受けられ

年度	名称	対象	給付金額
2020	特別定額給付金	基準日（令和２年４月27日）において、住民基本台帳に記録されている方	1人当10万円
	学生支援緊急給付金	国公立私立大学・短大・高専・専門学校の学生で家庭から自立しアルバイト収入により学費等を賄っている学生で新型コロナウイルスによりアルバイト収入が大幅減少し就学が困難となっている学生	①令和２年度非課税世帯の学生は20万円②①以外の学生は10万円支給
	子育て世帯への臨時特別給付金	児童手当支給世帯	児童１人当１万円
	低所得の子育て世帯生活支援特別給付金	児童扶養手当支給世帯	児童１人当５万円
2021	学生支援緊急給付金	国公立私立大学・短大・高専・専門学校の学生で①「高等教育の就学支援新制度」利用者②原則として自宅外で生活し家庭から多額の仕送りを受けず家庭の収入減少等により家庭からの追加的支援が望めずアルバイト収入に影響を受け第一奨学金（無利子奨学金）の利用者または利用予定の者③上記②を考慮したうえで経済的旅游により大学での修学の継続が困難であると大学が必要を認め推薦する者	10万円支給
	子育て世帯への臨時特別給付金	児童手当支給世帯	児童１人当10万円
	低所得の子育て世帯生活支援特別給付金	①児童扶養手当受給世帯②令和３年度住民税均等割非課税の子育て世帯	児童１人当５万円
2022	低所得の子育て世帯生活支援特別給付金	①児童扶養手当受給世帯②令和４年度住民税均等割非課税の子育て世帯	児童１人当５万円支給
	住民税非課税世帯等に対する臨時特別給付金	①世帯全員の令和3年度分又は令和4年度分の住民税均等割が非課税である世帯②新型コロナウイルス感染症の影響を受けて家計が急変し、①の世帯と同様の事情にあると認められる世帯（家計急変世帯）	1世帯当10万円
	電力・ガス・食糧品等価格高騰緊急支援給付金	①住民税均等割非課税世帯②令和4年1月から12月までに家計急変のあった世帯	1世帯当５万円

注：給付型奨学金(高等教育の修学支援新制度2020年4月からスタート)：日本学生支援機構が実施する授業料・入学金の免除・減額と給付奨学金の支給。所得制限あり、非課税世帯および年収380万円程度世帯の学生が対象。

ない」人たちが続出するのが目に見えている。（ただし、子どもとシングルマザーは市町村が実施する医療費助成制度で守られることとなる）

さらに2022年夏からの物価高はとどまることを知らず、コロナ禍と物価高が女性・シングルマザーを襲っている。こうした状況は経済的に脆弱な女性・シングルマザーの精神的不安定につながっている。前述のホットラインの事例の中でも「死にたい」という声がいくつもあった。さらにママたちの不安・不調は子どもたちに大きく影響する。

この女性とシングルマザーの貧困状況を解決するためには、国の責任による平時の社会保障制度の拡充しかないと考える。雇用状況が改善するとはとても思えないし、そもそも最低賃金の時間給で働く女性・シングルマザーがどれだけ働いたとしても貧困状態に変わりはない。

5　私たちの提言

コロナ禍の中で女性たちの自殺が増大した。「死にたい」を「生きていたい」に変えるのは具体的な現金給付・現物給付、つまり国および自治体の社会保障政策しかない。以下、具体的に提言する。

（1）児童手当・児童扶養手当の制度内容の拡充を

政府は2023年6月13日「こども未来戦略方針」を正式決定した。その中で子育て世帯・シングルマザー世帯への現金給付である児童手当・児童扶養手当などについて、政府もやっと重い腰をあげ、児童手当に関しては所得制限廃止や支給年齢延長を打ち出した。

しかし、児童扶養手当の問題点は放置されたままである。

表3 児童扶養手当所得限度額

扶養家族等の数	母、父または養育者の所得	
	全部支給	一部支給
0人	49万円	192万円
1人	87万円	230万円
2人	125万円	268万円
3人	163万円	306万円
4人	201万円	344万円
5人	239万円	382万円

出所：厚生労働省ホームページ

問題点は、①2人目以降の金額の低さ、②全額支給の所得限度額が低く働くと支給額が減額する、③離婚できていない「実質ひとり親」には支給されない、などがあげられる。

児童扶養手当は1人目は全額支給で約4万3000円だが2人目は1万170円、3人目は6100円でしかない。さらに働いて所得が上がると減額されてしまう。所得制限は表3のとおりである。

また、離婚できない（夫が離婚に同意しない）場合や遺族年金や障害年金をもらっていて児童扶養手当支給額より多い場合には支給されず、ひとり親臨時特別給付金についてもこうした排除条件により「給付金がもらえない」というママたちがいる。

そもそも、国の制度設計が実態に見合っていない。子育ては年齢を重ねるほどにお金がかかるのに、なぜ2人目、3人目の金額が少ないのか。

児童手当は現行15歳までの支給であるが18歳までとし、金額を倍にして子育て世帯への支援を行うこと、さらに児童扶養手当もすべてのシングルマザー世帯に子どもの年齢に関係なく同額で支給すべきであるし、働いて所得が増えれば大幅に減額する構造をやめるべきである。「国はシングルマザーに働かせたいのか？　働かせたくないのか？」という疑問の声がシンママたちから聞こえてくる。

（2）くらしを支える制度の実施を

①水道料金減免

２０２２年６月からの物価高が貧困世帯を直撃している。中でも光熱水費の値上げが生活費を大きく圧迫している。物価高対策も急がれる。光熱水費のうち上下水道は市町村事業であるため減免しやすく、国はそのための支援を行うべきである。

②国民健康保険料の引下げ

国民健康保険のコロナ減免・コロナ傷病手当は5類に移行したことですべて廃止となったが、それに代わる新しい減免制度を実施すべきである。国保財政にさらに国費を投入し大幅な保険料引下げをすべきである。何故ならコロナおよび物価高で影響を受けている自営業・フリーランス・非正規労働者はすべて国保の被保険者だからである。

③学生への支援

また、現在まだほとんどない困窮学生への支援が急務であり、給付型奨学金のさらなる拡充が必要であるし、奨学金返済の猶予と免除制度の創設も必要で、若者への大きな支援となる。

④すべての年代への支援――住宅費支援制度と生活保護制度の改善・拡充を

住居確保給付金は家賃補助制度として制度化すべきである。

生活保護制度の最低生活費の引上げが必要。さらに制度利用を敷居の低いものにするために、扶養要件をなくし、自動車保有を認め、いつでも利用できて、いつでもやめられる制度にすべきである。そして何よりもホットラインで明らかになった誤った運用で生活保護制度をゆがめている実態をただちに是正すべきである。

【コラム3】
相談者の声——張りつめていたものがホロホロと

重永雅代（仮名、シンママ大阪応援団）

２０２０年10月。私は会社を辞めた。その前年２０１９年の7月。私は小さな会社で海外事業に携わっていた。本当に小さな支店ではあるものの、無事初の海外支店を設立。現地に日本からのスタッフを送り、現地スタッフも雇い、これからという時にコロナ。３月にロックダウンがなされ、やむなく設立したばかりの海外支店は閉鎖。日本でも在宅リモートでの業務が始まった。業務内容は大きく変わり、戸惑いも多く、メリハリの付かない早朝から夜遅くまでの長時間の激務、リモートでのコミュニケーションの難しさから社内の空気もどんどん悪くなっていった。次第に精神が蝕まれていき、うつ病を発症した時は何も考えられなくなっていた。起き上がることもできなくなり、吐いていたような。正直、その時のことを思い出そうとしても、今思い出せない。

私は離婚をしていて二人の息子を持つシングルマザー。これからどうしていったらいいか考えることもできないのに、頼る相手がいなかった。大学の学費を心配した息子が父親のところに学費の相談をしに行った。迷惑そうに「俺はお前の銀行やない」と言われたそうだ。離婚した時に公正証書を作っていたので、市役所の無料法律相談の弁護士さんに相談してみたが、請求が難しい状況だろうと言われた。そんな時に、国民健康保険料の高額な請求書が来た。「無職なのにどうやったらこんなお金が払えるんだろう？」と茫然自失の中、コロナ１１０番のことを知った。「シングルマザーで、大学生とこれから大学受験の高校生の息子がいるのに。職を失ってしまったのに。どうやってこんな高額な保険料を支払っていいかわかりません。どうしたらいいんですか？」と、泣き叫ぶように電話口で訴えた。電話を受けた方が、「ちょうどシングルマザー支援をしてる人がいるので代わりますね」と電話を取り次いでくれた。それが寺内さんとの出会いだった。寺内さんは優しく、明るく、的確に色々と教えてくださった。次男の大学受験を前に金銭的に困っていることを伝えると、「スペシャルボックス」のことを教えてくださり、年末にスペシャルボックスを届けてくださった。スペシャルボックスを開けて、とてもビックリした。私の支援物資のイメージは必要最低限の殺伐とした物資のイメージだったのに、先ず目に飛び込んできたのは美味しそうな愛情いっぱいの手作りケーキだった。ドリップコーヒー、子どもたちが喜びそうなお菓子、何よりも安心できるお米、次男のための本が買える図書券、手編みの靴下。何もかもがキラキラと優しく、愛情いっぱいに詰めあわされていて、「大丈夫だよ。あなたは一人じゃないよ。一人で抱え込まなくていいんだよ」という声が聞こえてくるようだった。なんだか張りつめていたものがホロホロとほどけていき、「あぁ、これからは相談できる人が、助けてくれる人達がいてくれるんだ」と、安堵のあまりへたりこんでしまったのを覚えている。安堵と同時に目からウロコだった。あぁ、これが支援なんだ。「施し」じゃなくて「支援」っていうのはこういうことなんだと衝撃を受けた。物資を恵んでやっているのではなくて、その人を思い、その人とその子どもたちの幸せを思い、暖かく包んで安心を与える。それが支援なんだと教えてもらった。

それからは私自身もスペシャルボックス発送のボランティアに度々参加させていただいている。ボランティアに来る皆さんは人の痛みがわかるからこそ、とても優しい方ばかりで、その姿勢にいつも頭が下がる思いだ。うつ病になって退職してしまったのは本当に辛いことだったが、幸運にも寺内さんを始めシンママ応援団の方々に出会えた。力強く安心して生きていける、もう一人ぼっちで悩まなくていいんだと思わせてくれる人たちと出会えた。

今、私は障害者支援施設で介護士として働いている。まったく今までとは畑違いの仕事なので、本当に一からのスタートだったが、一歩一歩ゆっくりでも前を向いて歩いていけているのは、寺内さんを始めシンママ応援団の方々からいただいた「安心」のお陰だ。私自身もいつか誰かの「安心」のお手伝いができるようになりたい。

第3部

研究者による相談内容の分析・検討

2日間24時間の相談会を終え静まり返った相談会場。
（第1回：2020年4月19日）

第6章

「滞納・借金の有無」からみた生活困窮世帯の特徴
――成人の子どもがいる世帯に着目して

後藤広史（立教大学）

はじめに

（1）新型コロナウイルスの蔓延とこれまでの調査研究

新型コロナウイルス（以下「新型コロナ」）の蔓延は、すべての人々の雇用や生活に大きな負の影響を与えた。しかし、この影響の大きさは、当然のことながらすべての人々に一様ではなく、新型コロナ蔓延以前から、社会的に弱い立場に置かれていた人々にとりわけ大きな打撃を与えたことが明らかになっている。

これまで行われてきた調査研究の中で、大規模かつ継続的に行われているものとして、NHKと独立行政法人労働政策研究・研修機構（JILPT）が行った調査と、後者が継続的に行っているパネル調査（同じ対象者に、同じ調査を一定期間継続して行う調査）がある。周（2021）はこれらのデータを分析した結果、女性の4人に1人の割合で雇用状況に大きな変化があったこと、解雇・雇止め後の非労働力化が男性に比べて女性が1・6倍であること、女性の非労働力化率が上昇していることなどを明らかにし、世界的に生じている"She-Cession"（シーセッション：女性不況）と呼ばれる現象が日本でも観察されることを報告している。なお、この背景には①新型コロナの蔓延によって、飲食・宿泊等、女性雇用者が多い業種に大きな被害が生じたこと、②6割弱の女性が雇用調整の対象になりやすい非正規雇用者として働いていること、③家事や育児負担の増加が女性に偏っていること、の3点があるとしている。また、「コロナ下の女性への影響と課題に関する研究会」(2021)でも、様々なデータを使いながら新型コロナの蔓延による女性への影響についてまとめており、ここでは、DV、自殺率の増加、一斉休校によるケア負担の増加等の問題についても言及がなされている。

一方、実際の相談現場にどのような人々が訪れ、どういった相談をしており、そこにどのような課題があるかを明らかにした調査研究も蓄積されてきている。社会福祉法人全国社会福祉協議会政策委員会(2022)は、従来の緊急小口資金や総合支援資金の利用者と、今回の特例貸し付けの利用者を比較し、後者の特徴を明らかにしている。具体的には、女性の割合が高いこと、年齢構成が比較的若いこと、自営業を営んでいる人が多いことを報告している。また特例貸し付け業務の対応にあたった社協職員に対してアンケート調査を行い、相談者の中に事務手続き等に支援が必要な人が多いこと、生活保護の受給には至らないが生活が苦しい状態の人が多いこと、コロナ禍以前から生活困窮状態にある、金銭管理に問題を抱えている、近隣から孤立している人が多いといった意見が多かったと報告している。また垣田(2020)は、ある自立相談支援機関におけるコロナ禍によって影響を受けた相談者の全数データを分析し、その相談内容、相談窓口までの経路、就業形態、減収の状況等を明らかにしている。

(2) 本章で用いるデータの位置づけ——先行研究との異同

前掲の第1章に詳しいが、「コロナ災害を乗り越える　いのちと暮らしを守る　なんでも電話相談会」(以下「なんでも電話相談会」)とは、コロナに関係する生活や労働、その他あらゆることについて全国どこからでも無料で電話相談ができる相談会のことである。全国の法律家、労働組合、市民団体等が連携してこの相談会を運営してきた。2020年4月の第1回の相談会の実施を皮切りに、2か月おきに、計17回の相談会を実施してきた。

この相談会に筆者を始めとした研究者が関わり始めたのは、筆者が所属する学会「貧困研究会」のある会員が、この相談会の主催者に相談票の分析を行うことを打診したことがきっかけである。その後、主催者側から了承が得られたため、貧困研究会の有志のメンバーと相談会の主催者が共同して相談票を作成し、第3回目の相談会からその相談票を用いた相談会の実施およびその分析を行っている。なお相談票は途中で軽微な修正を行っている（相談票は第1章に掲載）。本章ではこの相談票のデータを用いて分析を試みる。[1]

本データは、まさしく相談会に寄せられた相談内容を反映しており、その意味では先に述べた調査研究群の後者に位置づくものである。また今回の相談会は電話によるものであったこともあり、後述するように、高齢者・無職の人からの相談が多くなっている。既存の調査の分析では、どちらかといえば就労している年齢層が主な対象となっており、主に彼／彼女らの就労状況からみた新型コロナの影響について明らかにしたものが多い。[2] しかしながら、今回の新型コロナの蔓延は、ステイホームが要請されたことなどもあり、就労問題と直接的には関連しないような様々な生活問題を引き起こしている。さらに、この相談会の相談票には、実際の相談内容が詳細に記載されており、数字だけでは読み解くことのできない困窮の実態を明らかにすることができる。つまり、本データは、これまでの調査ではあまり取り上げられてこなかった高年齢層も含まれていること、就労問題に限定されない雑多な相談が寄せられたものであること、相談内容が具体的に記載されているという意味で、既存の調査では明らかにされてこなかった新型コロナ禍の生活困窮の一端を明らかにすることができると考えられる。

（3）着目する変数——分析の視点

今回の分析で着目するのは、相談票の項目の一つである「滞納・借金の有無」である。その理由は、滞納・借金があることが、端的に生活に困窮していること（経済的な苦境）を示す指標の一つであると考えるからである。[3]

また、周知のとおり、日本には従来から生活困窮者を支援するための制度として生活保護制度がある。借金や滞納をするようなケースの中には、生活保護の利用が必要なケースも少なくないと考えられるため、このようなケースに着目することにより、生活保護制度の利用しづらさや忌避感を同時に探ることができるのではないかと考えるからである。なお、これまでの調査研究では、個人の性別や年齢構成、職業など個人的な属性に着目しているが、世帯構成ごとの差異についてはあまり着目されてこなかった。同じ属性の個人であっても、どのような世帯状況にあるかによって生活困窮に至る経路や程度、使用できる社会資源などは異なると考えられる。そこで、本研究では、「滞納・借金の有無」に影響を与える変数の一つとして世帯構成を加えて分析を行い、コロナ禍においてどういった世帯が経済的な苦境を経験しているかを明らかにする。

1 データの説明

(1) 用いるデータとその見方

上述した通り、貧困研究会の有志のメンバーがこの相談会に関わり始めたのは、第3回目以降からである。本章では3回目から最後の相談会である17回目のデータ、すなわち計15回の累積データを分析の対象とする。なお、相談会では、例えば、「遠くに住む家族についての相談」といったような、相談内容が主に本人・同居人以外の人の相談も含まれていたり、相談というよりも相談会自体への意見やクレームなどもあった（この二つは一部重複する）。今回はこれらの相談票は分析から除外している。この処理の結果、今回分析の対象とするのは7895ケースである。

相談票の分析に入る前に、分析結果をみる際の留意点について3点述べておきたい。第一は、項目によって欠損値がかなり多いことである。今回の相談会は当然のことながら電話をかけてきた人の相談にのることが目的であるため、そのために必要のない項目については無理に聞き取るようなことはしていない。また、相談者によっては、途中で電話を切ってしまうこともある。そのため項目によってはかなり欠損値が多くなっている。第二に、今回の相談票は相談を受ける人が、相談者の話の内容を聞き取って記入していくため、その内容には相談者の判断が介在する可能性がある。第三に、電話という相談手段が相談者の属性に影響を与えるという点である。第2章、またこの後の分析でも明らかになるように、今回の相談者は約35％が65歳以上の高齢者である。また、各種の相談窓口でその存在がたびたび言及される外国籍の方からの相談はほとんどない。これはおそらく電話という手段が影響していると思われる。したがって当然のことながら、今回の相談者はコロナによる生活困窮者全体を代表しているわけではなく、あくまでこの相談会においてみられる結果である点にも注意を払う必要がある。

（2）使用する変数

①従属変数：従属変数は、先にも述べた「滞納・借金の有無」である。

②独立変数：独立変数は、相談票から得られた相談者の属性である「年齢」、「性別」、「従業上の地位」、「世帯人数」、「子どもの有無」である。

（3）分析方法

上述した変数の単純集計を行ったうえで、「滞納・借金の有無」を従属変数とした2項ロジスティック回帰分析を行った（分析にはIBM SPSS Statistics Ver.28を用いた）。またその結果の解釈をするために具体的な相談内容を事例的に用いた。

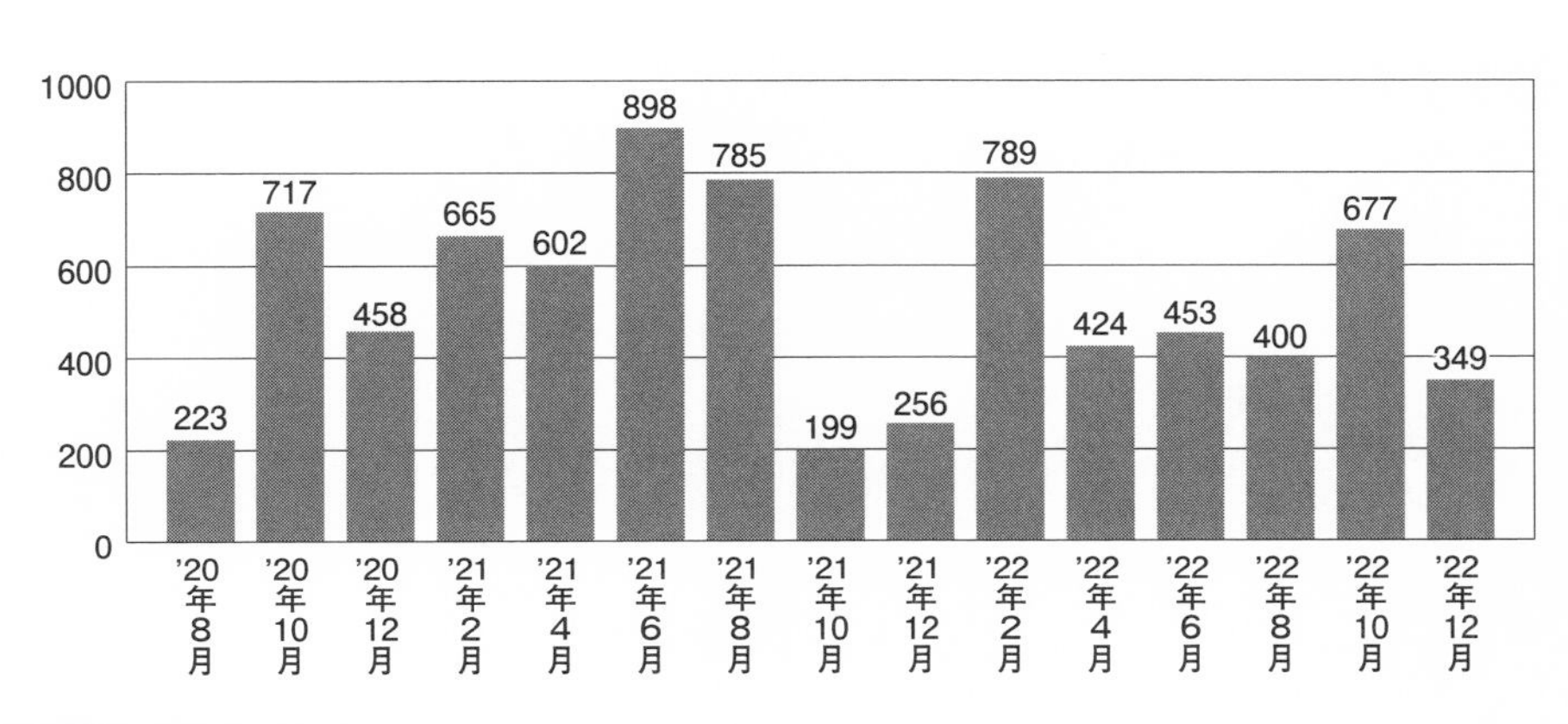

図1 各回の相談数

出所：筆者作成

2 分析結果

(1) 各回の相談数

図1は、相談会ごとの相談数をグラフ化したものである。なお、若干ではあるが人によっては回をまたいで複数回相談しているケースもある。[4]

それぞれの相談会の相談数の増減は、当然のことながらその時々の新型コロナに関連する社会状況や支援施策に依存する。例えば、新たな支援施策が打ち出されたり、ワクチンの接種が開始されるとそれに関連する相談が増え、一方、感染状況が落ち着くと相談数が減るといった具合である。またそれ以外にも、相談日当日に、相談会の様子がメディアで取り上げられたりすると相談数が増えるという事象も確認されている。

(2) 単純集計結果

表1は、先ほど述べた変数の単純集計の結果を示したものである。

相談者の平均年齢は、58・2歳であった。10歳区分で年代についてみてみると、最も割合が高いのは50代（25・8％）であり、

表1 各変数の単純集計

		度数	%			度数	%
年代 (n=6,300) Ave.=58.2歳 65歳以上 (36.1%)	～19歳	8	0.1	同居人数 (n=5,557)	1人 (単身)	3135	56.4
	20代	121	2.0		2人	1458	26.2
	30代	369	5.9		3人	644	11.6
	40代	897	14.4		4人	224	4.0
	50代	1627	25.8		5人	63	1.1
	60代	1523	24.0		6人	32	0.6
	70代	1349	21.4		7人	1	0.1
	80～	406	6.4	同居の 子どもの有無 (n=7,812)	なし・不明	6888	88.2
性別 (n=7,840)	女性	3245	41.4		あり	924	11.8
	男性	4595	58.6	滞納・ 借金の有無 (n=7,895)	なし・不明	6558	83.1
従業上の地位 (n=6,462)	自営業	721	11.2		あり	1337	16.9
	家族 従事者	34	0.5	滞納・ 借金の内訳 (複数回答)	公共料金	159	13.1
	フリー ランス	271	4.2		住宅ローン	213	17.6
	会社など の役員	38	0.6		家賃	196	16.2
	正規の 職員・ 従業員	571	8.8		携帯料金	84	6.9
	パート・ アルバイト	922	14.3		公的保険料 (医療・年金)	152	12.6
	契約社員	155	2.4		税	141	11.6
	派遣社員	184	2.8		その他	265	21.9
	嘱託	32	0.5		借金	423	34.9
	その他	126	1.9				
	無職	3408	52.7				

出所：筆者作成

次いで60代（24・0％）、70代（21・4％）と続く。65歳以上の高齢者の割合は36・1％であった。性別は、男性の割合がやや高く58・6％となっている。従業上の地位は、「無職」（52・7％）が相談者の約半数を占める結果となった。これは先に述べた相談者の年齢層の高さが影響していると思われる。次いで「パート・アルバイト」（14・3％）、「自営業」（11・2％）が続いている。同居人数は、「1人（単身）」（56・4％）が半数に上るが、2人世帯（26・2％）と3人世帯（11・6％）も少なくない割合で存在している。同居の子どもについては「あり」（11・8％）が1割強であった。

次に、本章が着目する相談者の「滞納・借金の有無」についてみてみよう。何らかの滞納や借金がある割合は16・9％であった。ただしこれははっきりと確認できた数値であるため、実際はこれよりも高いことが予想される。滞納の内訳を「その他」以外でみてみると、「住宅ローン」（17・6％）の割合が最も高く、次いで「家賃」（16・2％）であった（複数回答）。

表2は、「滞納・借金の有無」（なし＝0／あり＝1）を従属変数、上記で述べた変数を独立変数とした2項ロジスティック回帰分析の結果である。なお、従業上の地位は「正規雇用」（会社などの役員・正規の職員・従業員）、「自営業」、「非正規雇用」（契約社員・派遣社員・嘱託）、「フリーランス」、「無職」の5つのカテゴリーにまとめた（その他は除外）。また同居の子どもの有無については、子どもの第一子の年齢に着目して、同居の子ども「なし・不明」（92・1％）、「あり（未成年）」（3・5％）、「あり（成人）」（4・4％）の3つの区分とした（成人の年齢は20歳以上とした）。「あり（未成年）」の子どもの平均年齢は7・7歳、「あり（成人）」のそれは35・2歳であった。

独立変数の多重共線性を診断するために、分散拡大係数（VIF）を求めたところ、いずれの変数も2未満であり、多重共線性は確認されなかった。

統計的な有意差が確認された変数は、「性別」、「従業上の地位」、「同居の子どもの有無・年齢」であった。具

表2 ロジスティック回帰分析の結果

	Exp（B）	EXP（B）の 95% 信頼区間		
		下限	上限	
性別（ref= 女性）	1.330	1.149	1.539	***
年齢	0.998	0.993	1.003	
従業上の地位（ref= 正規雇用）				
自営業	1.530	1.115	2.099	**
非正規雇用	1.303	0.984	1.726	
フリーランス	1.602	1.089	2.357	*
無職	0.894	0.687	1.163	
家族人数・本人含む	1.063	0.984	1.148	
同居の子どもの有無・年齢（ref= なし・不明）				
あり・未成年	1.242	0.872	1.770	
あり・成人	1.921	1.462	2.524	***

N=4,502

*** p < 0.001, ** p < 0.01, * p < 0.05

出所：筆者作成

体的には、女性に比べて男性のほうが、滞納や借金をする確率が約1・33倍、正規職員に比べて自営業は滞納や借金をする確率が約1・53倍・フリーランスは1・60倍、同居の子どもがなし・不明に比べて、同居の子どもがあり・成人のほうが、滞納や借金をする確率が1・92倍であった。

（3）相談内容の分析──なぜ「成人の子どもがいる世帯」は滞納や借金をしているのか

上述した通り、成人の子どもがいる世帯は、子どもがいない・不明の世帯に比べて滞納や借金をする確率が有意に高まることが明らかになった。ただし、この結果のみからその理由を推察することは難しい。そこで、こうした世帯の具体的な相談内容をみてみることにしたい（相談内容は、個人が特定されないよう加工を施している）。

◆夫は50代前半でうつ病を患っている。子どもはトラックドライバーをしていたがコロナの影響で失業し無職の状態。夫に2社からのカードローンがある。

住宅ローンも滞納している。生活が大変ひっ迫しておりどうしたらよいかわからない。（第4回【2020年10月】の相談　60代女性）

◆2020年3月までスーパーで働いていた。辞めてすぐみつかると思ったらコロナの問題で仕事が見つからないままである。奨学金（子どもが高校の時借りたもの）のお金の返済ができなくなってしまった。（第4回【2020年10月】の相談　60代女性）

◆新型コロナの影響で仕事がなくなった。その後、警備の仕事を得たが一か月に10日前後しか仕事がない。娘も内職していたが仕事を失った。生活保護の申請をしたが、税金の滞納をしているから受けられないと言われた。（第8回【2021年6月】の相談　70代女性）

◆息子と一緒に長年居酒屋をやっていたが辞めた。その後、息子はハローワークに通っているが一向に仕事が見つからない。自身は無年金。貯えが少なくなり、あと数十万円だけになった。友人からの借金がある。生活保護の窓口で相談したら、息子が働ける、資産としてマンションがあることを理由にだめと言われた。（第12回【2022年2月】の相談　80代女性）

◆70代の夫と40代の娘と3人暮らし。夫は大工仕事、自身はアルバイトで収入を得ていたが、基礎疾患があるため、コロナの罹患を恐れて、2021年夏から2人とも無収入。娘のコンビニバイト収入16万円のみ。夫の車のローン、カード会社の借金の返済しており生活が苦しい。（第12回【2022年2月】の相談　60代女性）

◆30代前半の子どもと2人暮らし。コロナの影響で子どもの就職先が見つからない。収入が月により変わり14万～20万円くらい。生活費が足りないため借金が200万円位になる。子どもと2人働ければ返せると思うのだが、計画通りに進まない。（第14回【2022年6月】の相談　50代女性）

3 考察

分析の結果、「滞納や借金の有無」について「ある」と回答した割合が少なくとも16・9%に上ることが明らかになった。もちろん注3で述べたように、このデータからは、新型コロナ蔓延の影響によって新たに滞納や借金をするようになったのか、それともそれ以前からしていたのかまではわからない。ただし、前掲の自立相談支援機関の相談者の分析を行った研究によれば、「滞納については感染拡大後に店舗の家賃や自宅の光熱費を滞納するようになったケースが見られる一方で、借金についてはほとんどのケースで感染拡大前に借り入れている」(垣田2020:66) ことがわかっている。本章での分析の後半でみてきた事例をみる限り、このことは今回の相談者にも一定程度あてはまる傾向であると思われる。

この間、政府は個人に対しては、緊急小口資金や総合支援資金といった金銭の貸し付けを中心に支援を行ってきた。一時的な減収に見舞われた人々（世帯）にとっては、意味のある取り組みであったと思われるが、新型コロナ蔓延以前、以後にかかわらず借金や滞納をしないと生活が立ちいかなくなっているような世帯にとっては、将来的に更なる金銭的な負担を強いるという意味で、それらは支援として不十分であったことを示唆するものである。

このような何らかの滞納や借金をするリスクが高い人々や世帯として、男性であること、従業上の地位が「自営業」「フリーランス」であること、成人の子どもと同居している世帯であることが明らかになった。最後の点について、その理由を探るために具体的な相談事例をみてみると、「低年金・低年収の親＋障害など何らかの理由によって就労が不安定な子ども」のような、もともと複合的な問題を抱えていたケースが少なくないことが明らかになった。こうした世帯が新型コロナの直接的・間接的な影響によってこれまで何とか返済していた借金を返せなくなったり、あらたに住宅ローンや税金などを滞納している様子が見て取れた。

政府は、「子育て世帯への臨時特別給付」（0歳から高校3年生までの子どもに、10万円を支給する制度）のように、「子育て世帯」への支援を手厚く行ってきた。学校の臨時休校で仕事を休まざるをえなかった保護者なども多かったため、こうした支援はもちろん必要である。一方で、今回着目したような成人の子どもと暮らしている世帯が困窮していることについては、コロナ禍においては支援の必要性はおろか、その事実すら見過ごされてきた感がある。さらにこうした世帯は、子どもが稼働年齢層である、持ち家があるなどの理由により生活保護の利用につながりにくくなっていることも事例から見て取れた。成人の子どもと暮らしている世帯が滞納や借金をしがちな背景にはこうした理由があると思われる。

なんでも電話相談会は、新型コロナの影響の濃淡にかかわらず、まさしく困りごとを「なんでも」受け付ける相談会であったため、このようなケースが浮き彫りになったのだと考えられる。その意味では、こうしたケースの相談を受け付けられる相談窓口の拡充が求められよう。とはいえ、生活保護を利用することの忌避感から類推するに、相談をすること自体に抵抗を覚える人たちも少なくないと思われるため、例えば国民健康保険料や光熱費の滞納を支援のSOSと捉えて、行政側から積極的に働きかけるような「プッシュ型」の困窮者支援の仕組みが拡充されてもよいように思われる。[5] また今回のケースでは、成人の子どもが失業状態であったり、不安定な仕事に従事している様子も見て取れた。これに対しては、給付付きの就労支援、生活保護の運用改善なども必要であろう。

顧みれば成人の子どもと暮らしている世帯は、いわゆる8050世帯の文脈とも重なる世帯であり、平時の時から使える支援制度が手薄な「福祉の空白地帯」であるといえる。新型コロナ禍ではあまり着目されてこなかった世帯ではあるが、その収束がみえてきた今だからこそ、こうした世帯の困窮に光が当たり、上述したような支援が恒久的に整備・改善されていくことが期待される。

参考文献

垣田裕介（2020）「新型コロナウイルス感染拡大下の生活困窮者――ある自立相談支援機関における全数調査の分析」『社会福祉研究』139: 63-71.

コロナ下の女性への影響と課題に関する研究会（2021）「コロナ下の女性への影響と課題に関する研究会 報告書」（https://www.gender.go.jp/kaigi/kento/covid-19/index.html）

社会福祉法人全国社会福祉協議会政策委員会（2022）「コロナ特例貸付からみえる生活困窮者支援のあり方に関する検討会 報告書」

周 燕飛（2021）「コロナ禍の女性雇用」樋口美雄・労働政策研究・研修機構編『コロナ禍における個人と企業の変容――働き方・生活・格差と支援策』慶應義塾大学出版会：195-214.

注

1　本稿の分析は後藤個人が行ったものであり、含まれうる誤りは全て本人の責任に帰する。また本稿で示す見解は著者個人の見解であり，貧困研究会の見解ではない。

2　例えば先に紹介したＪＩＬＰＴのパネル調査は、20歳以上64歳以下を対象としている。

3　ただし留意しておくべきことは、「滞納・借金の有無」がありのケースが、新型コロナの影響によってそうなったのか、あるいは以前から滞納・借金があったのかまではこのデータではわからない。

4　第2章の相談数は速報値であるため、そこで示されている数値と本章の数値にはずれがある。

5　滋賀県野洲市では、滞納を市民からのＳＯＳととらえて生活困窮者を発見し、行政から働きかけていく仕組みを構築している（朝日新聞5月16日付 朝刊）。

【コラム４】
コロナ禍の駆けつけ支援の現場から

瀬戸大作（反貧困ネットワーク）

１　増え続けるSOS

２０２０年３月の新型コロナウイルス感染拡大を踏まえて、私が所属する反貧困ネットワークが呼びかけして設立した「緊急ささえあい基金」は、市民からのカンパで運営して現在まで1億1千万円を給付してきた。日々寄せられる「所持金が１００円しかない。このままでは死んでしまう。助けてください」というメールに呼応してSOSの現場に駆けつけ、多くは、生活保護申請同行とアパート入居までの支援、他にも債務整理や孤立状況からの脱却に向けてのサポートを行ってきた。

あれから3年が経過したが、反貧困ネットワークに届くSOSは一昨年よりも昨年よりも増加している。

「生活保護費が尽きてしまって食べるものがない」

「お金が尽きて次の給料日まで飲まず食わず」

「ライフラインが止められた」

私たちの支援現場の相談内容は更に広がり深刻になっている。今日の早朝も相談メールにこう書いてあった。

「もう首を吊るしかない」

最近の相談事例の多くがこのようなパターンだ。

ウクライナ戦争以降の終わることのない値上げが、容赦なく困窮者を追い込み、家賃滞納による追い出しも続いている。反貧困ネットワークに寄せられるSOSの6割以上が20～30代からであるが、この間、全世代に広がっている。女性の相談事例も困難を極めている。精神障害を抱えている方が多い。虐待被害も多い。家出も多い。

生存権を奪われた状態が続く仮放免の外国人の生活・医療・居住支援も増加し続けている。国籍に関わらず！在留資格に関わらず！日本人でも、ナニジンでも、ここ（日本）に生きている人として、貧困状態に置かないこと。外国人支援に費やした費用は8千万を超えた。3年前に反貧困ネットワークでは個室シェルターを所有していなかった。現在は32部屋を運営している。約半数が仮放免などの外国人だ。シェルター事業なしに困窮者支援事業は成立しない。

2 縮小する支援策

2023年1月から特例貸付利用者の償還が始まった。

東京都では、水道の給水停止も急増している。これまで、検針員さんたちが訪問を行って、分割での支払いや福祉につなぐことで、給水停止を回避する丁寧な対応を行ってきたにも関わらず、その業務を今年度からなくしてしまったことが、給水停止の急増に大きく影響している。昨年度まで行われていた訪問による催告では、料金未納になったうちの86％は回収し、つまりその分の給水停止を回避していた。しかし、郵送による催告に変えてからの回収率は33％と格段に落ち、その分、訪問による様子の確認もできないまま、給水停止が増えた。

居所喪失状態の方が生活保護申請した場合、支援者が福祉事務所に同行する場合に限りビジネスホテルが提供されたが、コロナが収束したことを理由に、集団生活が基本の無料低額宿泊所入所が強制される状況だ。コロナ感染者数が減少しても、貧困状態から抜け出せない人々は増えている。

長期の困窮状態で精神的にも病んでしまう人々が増えている。

3 貧困ビジネスの横行

福祉が機能していないことは貧困ビジネスの横行に手を貸している。

今年3月に派遣契約を切られ、寮を出た。ネットで「今すぐ住める部屋が見つかる」と掲げる民間業者のサイトにアクセスした。多摩地域の小さなアパートに入居。ところが乾麺など1万5000円分に見合わない食料を買わされた上、身分証やキャッシュカードも取り上げられた。貧困ビジネスの業者だった。手元に残るのはわずかな金額。「もう耐えられない」。反貧困ネットワークに助けを求めた。

私は弁護士と共に現地に駆けつけ、アパートを即時に退去して福祉事務所に出向き報告した。驚いたことに、貧困ビジネスが雇った行政書士が生活保護代理申請を行っていた。この日は初めての保護費支給日、貧困ビジネスの担当が事務所近くの駅で待ち受けている。アパートに設置している家電使用料を強制徴収する。

私たちは貧困ビジネスの事務所に突入。抗議して身分証とキャッシュカードを取り返した。その後も同じ貧困ビジネス業者の被害者からの連絡が続いている。都内において居所を失った困窮者がひとりで生活保護申請にいったら「地獄をみる」といっても大袈裟ではない状況だ。困窮者の住宅確保に公営住宅の提供や家賃補助、空き家を活用するといった政策を考えてほしい。

4　仲間を殺すな！

反貧困ネットワークでは、入管難民法改正案の廃案に向けた活動に注力している。この本が刊行される時には法案の行方が決まっている。しかし触れずにいられない。

難民申請者の置かれた現実をみることもなく、シェルターに住むMさんのインタビューがテレビで放映された。

「無理やり強制送還するなら、その場で私自身自殺する」

彼は既に難民申請が3回却下されていて強制送還の可能性が否定できない。

政情不安の国から15年前に日本に逃れてきたCさん。

「国に帰ることはできない。送還されるぐらいなら日本の刑務所に入る」

彼女は先月、身体の痛みに耐えられず、反貧困ネットワークのサポートで入院。4日間の入院で35万円の医療費を支払った。仮放免の場合、働くことも、生活保護も公的医療を受けることもできない。入管に呼ばれる時は現在でも2週間眠れない日が続く。入管収容時の拷問の記憶と、強制送還が言い渡されそのまま入管が用意したチケットで飛行機に乗せられる恐怖。

こんなことを言わせて、よいのだろうか。人間の命を脅かす社会。人権をおろそかにする社会。夢や希望を踏みにじる社会。人間として存在を認めない社会。このことは私たちの人権にも跳ねかえってくるのだ。私たちが言いたいことは、ただ一つ。

「仲間を殺すな！」

第4部

未来を創る運動

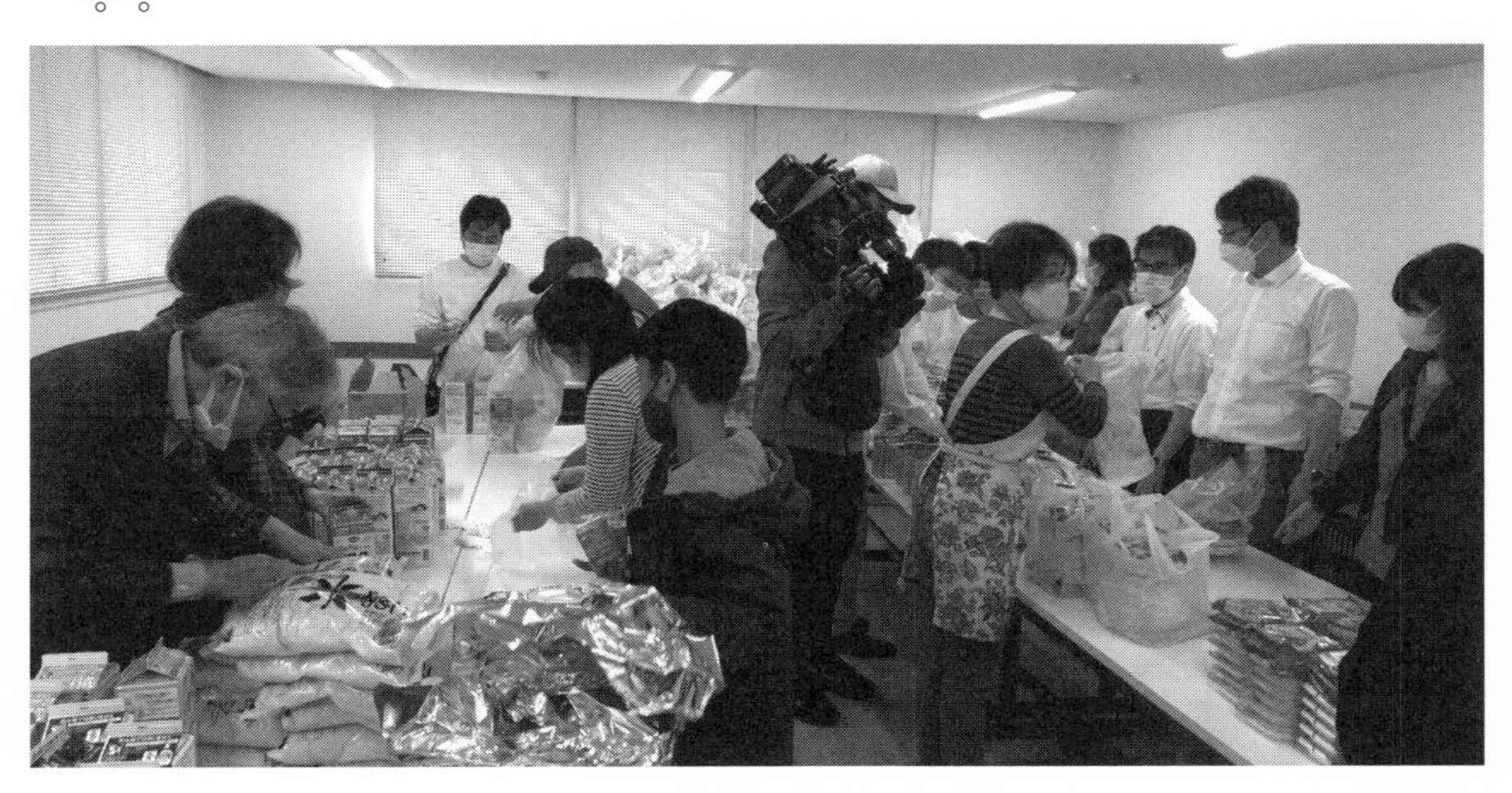

新たに始まった「なんでも相談会」。力を合わせてフードバンクを準備。（2023年4月30日）

第７章

統一フリーダイヤルを活用した全国一斉「電話」相談のノウハウ

普門大輔（弁護士）

今回、コロナ禍によってそれまでの暮らしに様々な影響を受けた方々から相談を受ける電話相談会を全17回、開催した。相談者が通話料の負担を心配して相談をためらうといったことがないよう、相談会はすべて、**NTTコミュニケーションズが提供するフリーダイヤルサービス**を用いた形で行った。17回を通じて使ったフリーダイヤルの番号は、「0120－157930（ひんこん・なくそう）」である。実施に要する費用は、広報や相談数によって上下するが、おおむね平均すると半日（12時間）で約50万円が必要となり、その負担は決して少なくなく、この原資をいかに確保するかが重要であり、取り組みに賛同してくれる多くの団体・個人からの財政的支援なしに継続できない取り組みであった。会計面については、第8章を参照していただくとして、筆者は、リーマンショック後の電話相談会の時からの行きがかりで、今回も各地の電話回線情報の集約やNTTコミュニケーションズとの調整を一手に担ってきたので、本章では、その具体的なノウハウを紹介したい。

1　0120－157930（ひんこん・なくそう！）

この相談会は、2か月に1回の頻度で毎回午前10時から午後10時まで行ったが、各地で相談に応じる団体や個人は、それぞれに対応可能な時間帯に電話回線を開けばよい一方、相談者の側からすれば、全国統一のフリーダイヤル番号に電話をかければ、比較的最寄りのどこかの会場には電話がつながる設定としている点に特色がある。

フリーダイヤルの利用にあたって、全国各地の会場（参加者や参加団体）が日常的に利用している電話回線（既設回線）に１日だけフリーダイヤル（０１２０から始まる電話番号）を被せるようなイメージで、その電話回線の情報を集約する必要がある。なかには、フリーダイヤルに利用できない回線もあるため、ＮＴＴコミュニケーションズのホームページで確認したり、別途問い合わせたりする必要が生ずることもある。携帯電話回線番号は、現在のところ、フリーダイヤルを利用できない。

また、参加者（団体）のなかには、相談会場を開設する自前の電話回線や適当なスペースがない場合もあるため、貸館等に臨時会場を設営し、そこに一時的に臨時の電話回線を引いてフリーダイヤルに参加することもできる。

以下では、相談会開催に向けた準備状況を振り返ってみる。

２　利用にあたって必要となる情報や準備はどんなものか

電話相談会は約２か月おきの頻度で開催したため、電話相談会が終了すると、まもなく次の相談会に向けた準備を行っていた。

相談日の約２か月前になると、全国各地の参加団体の責任者や参加者を順次登録した相談会用の**メーリングリストを活用**し、事務局から次回の開催の案内とともに、参加を考えている各地担当者に対し、相談会参加設定に必要な情報の提供を呼びかけていた。

最終的には、相談日の１週間から10日前までに、40近い参加者（団体）から１００に及ぶ回線情報等を事務局において収集・集約し、運用設定（後述の付帯サービスの活用等）を行った確定情報をＮＴＴコミュニケーションズに提供し、ＮＴＴコミュニケーションズのチェックを受け、これに基づく設定工事が行われる。

全国の参加者（団体）から収集する情報は、具体的には、利用する電話回線の、**「契約名義人」**、**「回線番号（電話番号）」**、**「相談会場の住所」**、**「既設回線か、臨時回線か（臨時回線であるとしたら回線開通日はいつか）」**、**「回線の種別」**、**「回線数」**、**「相談受付時間帯」**、**「当日相談会場に臨場する責任者の携帯電話番号」**等であり、これを1つのエクセルファイルに集約していた。

このうち、**「回線番号（電話番号）」**の入力を間違い、それが相談会当日に発覚すると復旧に数時間を要することになるため、各地責任者と情報集約者の双方で事前に複数回チェックしておきたい。

また、各地において、既設の電話回線を利用できない場合には、地元の電話会社と臨時的な回線の開設契約をし、回線数や回線種別等を選択したうえで、電話機のレンタル等も行うことになる。その際、複数の臨時回線を開設する場合は必ず**「代表組」（複数のうち代表となる番号を決めること）を行うこと**を忘れてはならない。

地域的・時期的な状況にもよるが、この臨時の回線の取得には時間を要することがあるので、1か月ほどはかかるものと考えておく必要がある。また、臨時回線の開設工事・廃止工事は、前後1日程度余裕を見ておく必要がある。具体的には、相談会は土曜日に開催することが多かったため、金曜日に開設工事、週明け月曜日に廃止工事を行うような申し込みを行う（相談日当日に開通工事を行うと、今度は、ＮＴＴコミュニケーションズのフリーダイヤル設置工事や開通テストに支障を及ぼすため、必ず前日までには臨時回線開設工事を終えておく必要がある）。

なお、集約すべき情報のうち、**「既設回線」**か、**「臨時回線」**かの別や、臨時回線開設工事日を相談日前日までに終えておく必要があることの周知が不足したり、**「回線の種別」**まで気にしたことがないため不明、と回答する地域が比較的多かった。ちなみに、**「回線の種別」**とは、アナログ、光、ＩＳＤＮ等をいうが、インターネット等でも回線の種別の調べ方について案内されているものもあるし、地元の契約先電話会社に問い合わせれば確実に必要な情報が得られる。

3 付帯するサービスの活用と広報戦略

フリーダイヤルには付帯サービスとよばれる様々な設定が行えるが、今回の電話相談会では、主に、次のものを活用した。

・**発信地域ルーティング**：発信者の発信地域によって、あらかじめ指定した着信先に振り分ける。
・**話中時迂回**：着信先の回線がすべて話し中の場合、あらかじめ指定したほかの着信先へ接続させる。
・**受付先変更**：時間帯によって、フリーダイヤルの通話をあらかじめ指定した他の着信先へ接続させる。

今回のフリーダイヤル相談会は、すべて午前10時～午後10時まで、統一電話番号を用いて実施してきた。一例として、東京都のある団体が、相談受付時間帯を午後1時から午後6時までの間とし、自分たちが普段の相談活動に用いる既設の電話回線を利用して、このフリーダイヤル相談会に参加する、という場合を考えてみる。

東京会場（会場数は複数でもかまわない）は、午後1時にならないと電話相談が開始しないため、その前の時間帯、つまり、午前10時～午後1時まで、また午後6時になると電話相談が終了するため、その後の時間帯、つまり、午後6時～午後10時までの相談（コール）を、それぞれ、午前10時から開始している別の会場、午後10時まで開催している別の会場に接続先を変更する必要がある（受付先変更）。

また、報道番組等で取り上げられた直後や、相談会場数が少ない夜遅くの時間帯には、多くの相談アクセスが一時に集中し、その会場の回線がパンクする事態となる。少しでも多くの相談を取りこぼさず受け付けるため、会場内の回線が満杯になっても、別の会場の電話回線が空いている場合、これを活用できるように設定することができる（話中時迂回）。

併せ、参加者（団体）は、普段の活動の延長線上にこの相談会を位置づけ、できるだけ自らが活動する地元地域の相談を受けたいと考えていることから、東京都内から発信されるコールは、原則、東京会場に接続させるという設定を行っておくわけである（発信地域ルーティング）。

これらの組み合わせによって、午前10時から午後10時までの間、日本の全国津々浦々どこからかけても、無料で、専門家による相談や助言を受けることができるようになる。

いわば、全国に設置された複数の会場を全体の一つの大きな会場に見立て、相談体制や相談時間等の相談会場毎のムラを均質化し、回線や時間帯を融通し合いながら効率的に相談を受け付けられるように設定するわけである。

これによって、参加者（団体）は、フルタイムの人員確保が難しいとか、長時間や夜間帯の相談対応は困難といったことを気にせず、一部の時間帯であっても、また、少人数であっても参加できるようになる。

また、電話相談は「広報がいのち」である。相談事を抱えている対象者らに、相談会の開催という情報と「0120-157930」という番号をどれだけ多くに周知できるかが電話相談成功の最大の鍵であるところ、この方法をとれば、事務局を中心とした全国レベルでの広報、各地参加者（団体）の地域レベルでの広報において、「0120-157930」「午前10時から午後10時」という情報を用いて一律的な広報活動が行えることになる。NHK昼のニュース、地域放送局のニュースはもちろん、参加者（団体）が日常的な活動において築いてきた地元ネットワークによる周知等あらゆる媒体に対し、広報情報を統一して臨めることになる（ツイッター等SNSを利用すれば、参加者の地域的な告知情報を、全国のフォロワーが受信でき、地域毎に、会場毎に、相談時間の違い等を説明する必要性がない）。

私たちの取り組みでは、複数回線数を確保した比較的大きな会場を中心に、相談日当日朝10時に最初のコールが入る様子をテレビカメラに撮影してもらい、その映像をお昼等のニュースで「0120-157930」の番号とともに報道してもらうということを行っていた。

４　付帯サービス設定の考え方

上述の付帯サービスの設定は、極端な例でみると、北海道内の相談者の電話を沖縄県の相談会場に着信させ、その時、沖縄県の相談会場が満杯であった場合、話中時迂回先である大阪府会場に着信する、ということがあり得る。

しかし、このような設定は、回線のトラフィックを複雑化させ、通話料が高額化する要因となるほか、自分たちが日常的に活動する地域・地元の相談事を受けたいと考える参加者（団体）にとって意図しない事態となる。また、相談者が住まう地域の実情が見えにくいために、継続的なサポートや法律家等への、例えば、生活保護申請同行等の具体的支援の支障となるおそれがある。

そこで、こうした懸念と、上述した、「全体の一つの大きな会場に見立て、相談体制や相談時間等の相談会場毎のムラを均質化し、回線や時間帯を融通し合」うという特徴をどのように調整するかが課題となる。

この点について、当該会場のある広域自治体からの電話を着信させる「発信地域ルーティング」を設定することを原則とし、「話中時迂回」や「受付先変更」設定にあたっても、広域自治体をグループ化したり、着信のある相談者の地域属性を周辺近隣広域自治体２～３程度にまで抑える配慮をし、できるだけ地元の電話が受信できるように配慮した。また、別の地域の相談が入ってくることがあるとしてもできるだけ近隣の相談になるよう配慮し、あとは、後述の会場間連携を高める努力を併せて行い、調整を図った（ただ、午後10時まで相談対応できる会場は現実的には少なく、最後の数時間は、毎回２～３の会場が全国から相談を受けるという状態にはあった）。

5 各会場間連携と一体感を感じるための工夫

17回の相談会を振り返ると、会場内における防疫体制等にも神経を使いつつ、相談対応は長丁場になることも多かったように思う。とくに、各会場責任者やそのサポートのための活動は、終日張り付きで対応する必要もあり、疲労感も大きなものとなる。

何回目からだったかははっきりしないが、各会場にタブレット端末等のカメラを利用して会場全体を見渡せる位置に定点撮影し、その映像をリモートアプリ（ZOOM）を使って、他の会場のリアルタイムの様子を共有するようになった。必要に応じてチャット機能を使って情報交換をしたり、質疑応答をすることによって、全国で連携して行っている一体感も得られた。

また、相談には当然ながら、差し迫った状態に置かれ、緊急対応が必要なケースもあった。事前準備の一つとして、各地会場から**「当日相談会場に臨場する責任者の携帯電話番号」**を集約しておく意義はここにある。例えば、東京都内にいる緊急対応を要する相談者の相談が、東京都会場に着信せず、お隣の埼玉県会場に相談が入った場合、埼玉県会場の責任者は、その事案概要や相談者の連絡先情報等を、東京都会場の責任者に伝達するのである。

埼玉県会場・東京都会場の責任者が事案を共有し、当該相談者と東京都の支援者とが連絡をとり合い、後日の支援につなげられるようにするため情報交換を行うのである（そのやりとりを相談票に記録しておく）。

このようなリモートアプリを用いたり、各地責任者の連絡先を事前に共有したりして会場間連携の体制を組んでおくことが極めて重要である。

【コラム5】
つながるWEB電話の試み

佐々木大志郎（つくろい東京ファンド）

コロナ禍であらためて浮き彫りになった課題のひとつは「通信の貧困」だ。

2020年頃より、新型コロナの影響を受け仕事や住まいを失い、困窮状態に陥った方への相談支援対応を継続する中で、同時に料金未納により「電話番号」と十分なインターネット通信環境を失っていることが社会復帰の妨げになっていることがわかってきた。

彼らのほとんどはスマートフォン端末自体は所有しているものの、通信については公的・民間が開放しているフリーWi-Fiに頼っていた。特にコンビニエンスストアのフリーWi-Fi利用率は（ご相談された方の中でも）圧倒的で、多くはこちらを使って私たちにSOSを発信されていた。事実上のセーフティネットがいびつな形で民間企業に委託されていることが判明している。

通信環境・電話番号がないことで、彼らは様々な不利益を被っていた。求職や新たなアパートの取得には電話番号を求められることが多い。そして、こうした困窮状態を「相談」しようとしても、福祉事務所や社会福祉協議会を始めとした公的な相談機関の多くは「電話」のみをその入り口としている。

そしてその「排除」への加担は、私達民間の支援団体も他人事ではない。多くの民間支援団体の相談窓口についても、まだまだ「電話」を指定しているところが少なくない。LINE相談（SNS相談）を運用（併用）する団体も増えてきたとはいえ、費用負担の多さや対面相談・電話相談に慣れている相談員のSNS相談対応へのリスキリングの速度感がボトルネックとなり、増加に追いついているとはとてもいえない状況だった。

一方の端・停止した携帯電話の先に相談したい困窮された方がおり、もう一方の端・相談電話回線の先に相談を待っている相談員がいる。

このあまりにもったいないギャップを埋めるため、2021年7月に「インターネット（フリーWi-Fi等）につながっているスマホ端末からなら、ブラウザ経由でそのまま電話ができる」システム「つながる電話WEB」をリリース。同時期に始めたアウトリーチでつながった方へ相談回路として提供する一方、定例の相談会で活用してもらう機会を模索した。

そうした中でご相談できたのが、当時すでに全国規模で9回もの開催実績があり、各地の法律家や支援職・労働問題の専門家など一線級の「相談資源」を活用されている「コロナ災害を乗り越える　いのちと暮らしを守るなんでも電話相談会」だった。おそるおそる事務局にご連絡し、プレゼンの機会をいただき、ご相談したところ快諾。2021年10月23日の相談会第10弾にて、地域を埼玉のみとし試験運用。次回2021年12月18日第11弾から正式に全国10か所以上での定例運用を継続した。

実際の利用については通話方法の煩雑さや周知不足について課題が残った。本人を特定されることなく無料で通話可能なので、正直システム的にパンクすることも覚悟していたが、幸運にも（？）そうした状況には陥らなかった。フリーダイヤルを含む電話相談全体の傾向として都市部への偏在がみられるが、やはり本ウェブ電話でも同様の傾向がみられた。

今後の展開として、すでにシステム利用方法の改善を実施（最大2タップで通話可能を実現）、周知部分についても「インターネット通話による相談電話」という概念をわかりやすく伝える名称変更（ボイスチャット相談／ボイチャ相談！）など、いくつか進行中だ。また当初の課題通り、公的な相談機関や民間支援団体の常設相談回線にも接続できるよう展開も予定している。

より困窮状態に置かれた方々が見えにくい社会になっていく昨今。通信支援を進めることで、今後ともそうした小さなSOSをすくいあげる機会にコミットしていきたい。

第８章

活動費の捻出方法と使途について

田中武士（三重短期大学）

はじめに

本相談会は、特定の団体が主催するものではなく、有志の個人・団体が期間限定で寄り集まった実行委員会によって取り組みを始めた。そのため、毎回の実施にかかる電話料金や会場費、相談票データの入力作業代などの活動費については、そのすべてを寄付によって賄ってきた。まさに支援者の方々（個人・団体）の寄付あってこその相談会といえる。ほとんどの時期が財政的には綱渡りの状況であったが、それだけにピンチになったときの全国の支援者の方々のご協力が大変ありがたく、感謝の思いでいっぱいだった。

本章では、そのようなかたちでお預かりした大切な寄付をどのような活動に使わせていただいたのか、そのことについて報告させていただきたい（文末の収支報告書もご参照ください）。

1　全国各地からの寄付について

個々の氏名を記載することはできないが、２０２０年４月１日から２０２３年３月31日までの期間に１００人以上の個人の方々から寄付をいただいた。お一人で30万円の寄付をしていただいた方もおられ、この相談会への大きな期待を感じずにはいられなかった。そして、そのような多くの方々の気持ちがこもった寄付をしっかり大切に使わせていただこうという思いを強くした。

また、46の団体からも多額の寄付をいただいた。すべての団体名をあげることはできないが、全国労働組合総連合、株主の権利弁護団、B型肝炎大阪訴訟基金、全国クレサラ・生活再建問題対策協議会、全国青年司法書士協議会、反貧困ネットワーク（順不同、敬称略）など、大変多くの団体からご協力をいただくことができた。また、複数回にわたり寄付して下さる個人や団体の方々もおられ、これらお預かりした寄付金の総額は1069万3031円に達した。

2　相談会実施にかかる支出について

（1）電話料金（フリーダイヤル工事代含む）

全国一斉で開催するなんでも電話相談会は、相談者の経済的な負担軽減のために同一番号のフリーダイヤルで実施してきた。そのため、支出額の約77％を占める821万円がフリーダイヤルの電話料金である。

全17回各回のおよその電話料金は次の通りである。第1回（140万円、※実行委員会の参加団体の一部で負担）、第2回（83万円）、第3回（34万円）、第4回（52万円）、第5回（42万円）、第6回（50万円）、第7回（47万円）、第8回（64万円）、第9回（59万円）、第10回（23万円）、第11回（28万円）、第12回（59万円）、第13回（37万円）、第14回（40万円）、第15回（38万円）、第16回（46万円）、第17回（39万円）。

これらの電話料金は、各回の相談件数とほぼ比例しており、その金額には波がある。

（2）相談票データの入力作業代

この種の相談会では、全体の相談件数や相談傾向の概略程度は発表しても、詳細な分析が行われることは少ない。しかし、今回の相談会では、貧困研究会の研究者の方々との意見交換を通じて、相談票に記載された詳細な情報をデータ入力し、後藤広史氏（立教大学）にデータ分析していただいた点に特色がある。

そのため、毎回、相談会が終わると各会場から全ての相談票をＰＤＦまたは紙媒体で提出していただき、相談票に記載された全ての情報について、シンママ大阪応援団の当事者スタッフの方々に、エクセル入力しデータ化する作業を有償でしていただいた。

相談票は鉛筆やボールペンによる手書きでの記載が多く、また読み取ることが困難な筆跡も少なくないなかで、丁寧に作業を担っていただいた。すべての相談票のデータ入力をお願いし、その人件費とコピー代金については会計からお支払いした。これらの基礎データがなければ、毎回の相談会の集計や分析を行うことはできず、シンママ大阪応援団の方々には大変重要な任務を担っていただいた。

（3）広報代

毎回の相談会の実施前には、記者会見やＳＮＳによる拡散など広報を続けてきた。

相談者の方々はテレビやラジオ、新聞などで相談会の実施を知り、電話をかけてこられることが多いため、相談会前のそのような地道な活動も非常に重要であった。特に、ＮＨＫを始めとするテレビのお昼のニュースで報道されるかどうかの影響は大きく、こうした広報の成否が相談件数に反映されることになったといっても過言ではない。

そして、このような活動とともに行ってきたのが、全国青年司法書士協議会の方々にサポートいただいた広報である。それは、プレスリリースを記事や取材の情報源として取り扱っている新聞や雑誌、テレビ番組、ラジオ番組、フリーペーパー、通信社、ニュースサイトにつなげるという民間会社のサービスであり、幅広い媒体を通じての広報を行うことができた。

（4）その他

上記以外では、各地での相談会場費の立替え分や事務局など関係者の院内集会参加のための交通費の精算があるが、いずれもそれらの実費を支出した。

おわりに

全国各地からお寄せいただいた寄付には、相談会実施へのご協力の気持ちに加え、相談会を必要としている市民がおかれた厳しい状況への深い共感も込められているように感じた。

毎回の相談会が終わるたびに、相談件数や特徴的な相談内容、国への要望などの結果について、事務局の福本司法書士が中心となり、それらをまとめて集計し、生活保護問題対策全国会議のブログで公開してきた。また、個別の相談に応じるだけでなく、節目節目で相談活動からみえてきた要望事項（政策提言）をまとめて、厚生労働省等の官僚と懇談したり、記者会見や院内集会を開催して社会に訴えたりし、こうした内容もブログやＳＮＳで公開してきた。このように、相談会の内容の報告だけではなく、相談者の生活困難な状況を改善するための取り組みを明らかにすることで、お預かりした寄付を有効に使用していることをお示しすることができた。そしてそのことが、継続的な協力をお願いする際に非常に重要なことであったと思われる。

このような相談会の活動自体はとても意義あるものである。しかし、そのための活動費をいかにして安定的に確保するかという課題についてはより深く検討する余地がある。今後ますますこの活動に寄せていただいた寄付

収支報告書（2020年4月1日～ 2023年3月31日）

一般会計
（収入の部）

項目	金額（円）	摘要
寄付（個人）	2,576,450	102 人（平均 2.5 万円）
寄付（団体）	8,116,581	46 団体（平均 17.6 万円）
利息	31	
合計	10,693,062	

（支出の部）

項目	金額（円）	摘要
電話代	7,890,757	
電話代振込手数料	660	
電話工事代	317,200	
データ入力代	1,338,950	
データ入力代振込手数料	4,180	
交通費	59,766	
Web 広報費	677,820	
Web 広報費振込手数料	1,100	
その他	324,443	
その他振込手数料	2,750	
合計	10,617,626	

収支報告書作成：高京美氏

※上記会計の残額（約8万円）は2023年4月からの全国一斉「いのちと暮らしを守る なんでも相談会」の活動費に使用させていただく予定である。

や支援について、それが大きく役立っている活動をしっかりと見えるもの、感じられるものにしていくことが求められよう。そして支援と活動が相互循環するような環境づくりへの取り組みも必要とされる。意義ある活動を今後も継続していけるよう力を尽くしたいと思う。

第９章

未来に向けた希望の運動

町田　茂（反貧困ネットワークぐんま）

１　コロナ禍で何が起こったのか――群馬からの報告

（１）「包丁を持っている。これから死ぬから」

コロナ禍の３年間で主に群馬県内の７００人を超える方から切実な相談が寄せられた。電話が来るなり「これから包丁を持って死ぬ」「手首を切りました」「インスリンを大量に注射して今から死ぬ」といった第一声が聞こえてくる。相談を受けて救急車で病院に搬送した方もあれば、中には実際に亡くなられてしまった方も数名あった。相談を受けては現地に駆け付けるという状況のなかで、支援者それぞれが自らの仕事時間と折り合いをつけてなんとか対応してきたという日々だったと思う。

（２）未曾有のコロナ災害で始まった一斉電話相談

２０２０年。新型コロナウイルスの感染拡大に伴い人の流れが遮断され日本中がパニックになっていた。そして緊急事態宣言が発令されようという4月18日。「コロナ災害を乗り越える　いのちと暮らしを守る　なんでも電話相談会」第1回相談が始まった。２００8年リーマンショックの時は、世界的な株価下落によってお金の流れが止まることで多くの失業者を生み出したが、今回のコロナショックでは、人・物・お金のすべての流れが止まってしまい、それに進行する格差の拡大が追い打ちをかけた格好になっており、だれもが経験したことがない事態が起きていた。

（３）ワンストップ相談窓口と支援体制づくり

反貧困ネットワークぐんまは、全国一斉相談会の17回すべてに参加をしてきた。また２０２０年5月に常設フリーダイヤルを群馬民医連事務局に設置し、群馬県内からの相談をワンストップで受け、駆けつけ支援を行ってきた。

このほかフードバンク機能を併設したリアル相談会を、太田市を皮切りに前橋市、高崎市、伊勢崎市、沼田市、大泉町、玉村町など計11回開催した。

支援体制では、幅広い相談に対応できるよう、①法テラス群馬法律事務所　②消費者支援ひまわりの会　③北関東医療相談会ＡＭＩＧＯＳ　④市町村社会福祉協議会　⑤生活と健康を守る会　⑥弁護士会・司法書士会の法律家　⑦医療従事者とのネットワークを構築した。とりわけ法テラスを始めとした法律家の支援が、このワンストップ相談支援体制を可能にしてくれたと考えている。

また反貧困ネットワークの「反貧困ささえあい基金」を活用できたことが大きかった。これは生活に困窮した方の支援中のつなぎ資金として提供できる基金であり、コロナ禍で早々に「ぐんま派遣村基金」が尽きてしまった当団体にとって、言葉には代えがたいほどありがたい仕組みだった。

（４）コロナ禍３年間の相談実績

相談件数 ７５８件

うち、生活保護申請同行78件。路上生活・車上生活からのアパート入居35件。

自己破産支援19件。障害年金申請14件。養育費請求支援12件。ＤＶ避難４件。

生活保護申請同行78件は、群馬民医連事務局がワンストップで受け付けた件数。県内すべての福祉事務所で申請同行を実施した。またネットワークの支援者全員の生活保護申請同行は、１００件を超えた。

（５）自死企図・救急搬送・健康被害

自死を企図した人は15人（未遂含む・うち死去２人）。

最も多い手段は低体温自死だった。冬場の路上生活者は凍死しないよう夜間歩き、日中に眠る生活を行っている。自死企図者はアルコールと睡眠薬を多量に摂取して夜間の路上で眠ることで、末梢血管が拡張して体温が急速に低下して自死に至る、そういう死を求めていた。このほかに、リストカット、入水自殺、飛び降り自殺、首つり自殺、インスリンの多量注射、睡眠薬の過剰摂取、割腹自殺という手段がみられた。

健康被害では、アルコール性肝炎３人、自己免疫性肝炎１人、脳腫瘍１人、骨盤骨折１人、恥骨骨折１人、甲状腺機能低下症１人、下肢凍傷１人、蜂窩織炎１人、拒食症１人、精神疾患５人、糖尿病治療中断２人などがみられた。また相談時の救急搬送も４件あった。

（６）特徴的な相談

・20代男性、住居なし。幼少期よりひとり親（母親）から暴力を受けて育つ。高校時に家を飛び出し自立。結婚して子どもも生まれたが、中卒で運転免許もないためコロナ禍で契約社員を切られた。その後に妻子が家を出ていく。やがて家賃を滞納。電気・ガス・水道・電話が止まり、携帯をコンビニのＷｉ－Ｆｉにつないでメールを送ってきた。最初のメールは「死にたいけどやり方がわからない」。相談までの一週間、公園で水を汲んで生きていたという。

・20代女性、住居なし。中学生のとき震災で自宅が倒壊し、家族が多額の借金を負うようになった。また高校卒業後も地元に仕事がなく派遣会社に就職をする。コロナの感染拡大で、工場が次々と生産調整に入ると配置転換が相次ぐ。宮城県、青森県、埼玉県、栃木県、群馬県と派遣会社から交通費を渡されて各地の工場を転々と異動する。しかし体調を崩し、貧血で立ち仕事ができなくなると解雇。派遣会社の寮を退去になりホームレスとなっていた。

・30代女性、住居なし。生後間もなく両親の虐待にあう。その後祖母に育てられるも少女期に祖母が亡くなると親類宅を転々とするようになり、やがて高校を中退。ホームレスとなる。健康ランドに寝泊まりしながらデリヘル客を取っていたが、コロナ禍でお客がいなくなり、バスターミナルのトイレで過ごす。食べるものもなく、相談時は栄養失調状態だった。

・40代女性、ひとり親。幼少時から母親の交際相手が変わるたびに転校を繰り返した。その後に結婚も夫の暴力で離婚。昼は定食屋、夜は居酒屋のダブルワークで子どもを育ててきた。しかしコロナ禍でシフトがなくなり、減収で借金増大。ビルから飛び降りて死のうとしたとき携帯電話が鳴った。それは母親の帰りが遅いことを心配した息子からの着信だった。自分亡き後に残される息子を思うと涙が止まらなくなり、女性は自死を思いとどまった。

コロナ禍で困窮している人々は、もともと弱者であった人々。この国が長年つくりあげてきた非正規雇用と低賃金、格差の拡大が原因ではないだろうか。コロナはきっかけに過ぎない。

２　なんでも相談会をふりかえって——東京・多摩地域での取り組み

奥田真帆（弁護士）

（１）２日間で４８２件の相談が殺到

２０２０年４月、新型コロナウイルス感染拡大による緊急事態宣言が出され、法テラスや弁護士会の各種相談窓口など、それまであった公的な法律相談の窓口がほとんど閉まってしまった。これに危機感を覚えていた私は、このままではまずいのでは、何かできないものかと、かねてから知り合いの司法書士の後閑一博先生にお電話したところ、ちょうど全国でフリーダイヤルを利用した電話相談会の取り組みが始まるところであるということを聞いた。地元のホームレス支援団体であるＮＰＯ法人さんきゅうハウスの吉田和雄理事と相談し、多摩地域でもこの取り組みに参加して電話を受けようということになった。

当時の私の所属事務所であった多摩の森綜合法律事務所のメンバーにも理解を得て、同事務所とさんきゅうハウスの２拠点で、多摩地域の有志の弁護士らや市議会議員、社会福祉士の大岡華子氏が相談を担当するという体制で、２０２０年４月18日と19日に第1回を行った。前日の17日に特別定額給付金（1人10万円）の構想が発表されたことで、その詳細を知りたい、生活保護の人にも支給されるか、収入認定はされるかという電話が多くきたが、それ以外にも、休業手当はどうやったらもらえるか、自営業で収入がとだえたがどうしたらいいかなど、緊急事態宣言に伴う休業等で生活にお困りの方からの相談が多く寄せられ、多摩だけでも2日間で相談件数は482件（全国合計の約1割）にのぼった。

（2）回を追って変わる相談内容

コロナ禍の長期化にともなって相談会は継続的な取り組みになり、結局2022年12月まで、2か月に1度のペースで全国一斉電話相談会が実施され、全部で17回を数えた。会場は、健生会の会議室を何度も使わせていただいたほか、さんきゅうハウスにもご協力をいただいた。相談担当者は、多摩地域の仲間の弁護士に加え、社会福祉士の大岡華子氏、健生会の看護師さんやソーシャルワーカー、労働組合（三多摩労連）の方、そしてさんきゅうハウスに呼びかけていただいて多摩地域の市議会議員のみなさまにも大勢ご協力をいただき、全17回を通して多摩だけでも合計978件もの相談に対応することができた。手指消毒やフェイスシールド、除菌シートなどで感染防止に気を遣いつつの相談会だったが、クラスターを発生させることもなく行えてよかったと思う。

相談内容は、初めの頃は10万円の定額給付金を始め助成金や支援制度の相談が多かったが、次第に、物価高も相まって、もともと苦しかった生活がさらに厳しくなっているという障害・高齢世帯からの相談や、生活が苦しいけれども生活保護はどうしても受けたくないといった相談が目立つようになった。中には、所持金も食べ物もなく緊急の支援につないだ件、もう死んでしまおうかと思っていたが支援窓口を教えてもらって救われたと言ってもらえた件もあった。

（3）日頃から顔の見える関係

多摩地域で相談会を行いやすかった背景としては、かねてより市民団体や労働組合のみなさまで作る「立川なんでも相談村」の活動があり、年末などに駅前で相談会をされていて、今回も声をかけ合いやすかったということがあったのではないかと思っている。また、さんきゅうハウスや地元市議会議員の皆さんによる会議体「三多摩アクション」も数か月に1度のペースで会議をされて、お互いの活動を報告したりケース相談をされており、日頃から顔の見える関係が築かれていたことも大きかったように思う。今回はこれらに加え、呼びかけに応じて多くの弁護士や市議会議員の有志が協力してくれたことで、さらに取り組みの輪が広がった。

コロナ禍という危機に際して、約3年間にわたり一緒にこのような取り組みができたことは、とても心強く感じたし、今後多摩地域にとって大きな財産になるのではないかと思っている。ご協力いただいたみなさま、大変ありがとうございました。

3　愛知におけるコロナなんでも相談会の取り組み

竹内　創（愛労連）

2020年2月下旬から始まった、未曾有のコロナ禍による景気後退の深刻化、生活困窮に陥る人たちの増加、感染拡大を防止するための様々な「自粛」によって、国民の暮らしは様々な面で困難に直面した。こうしたもとで、全労連が「コロナ災害を乗り越える　いのちと暮らしを守る　なんでも電話相談会」に各地方組織が取り組むことを呼びかけ、愛知でも準備を始めた。

(1)　実行委員会をつくって

愛知での相談会は、愛知県社会保障推進協議会（愛知社保協）と相談会会場となる労働会館を所有・運営する愛知単一労働組合協議会（単一協議会）、愛知県労働組合総連合（愛労連）の3団体と貧困問題に取り組んできた森弘典弁護士らとともに実行委員会をつくり相談会を開催してきた。２０２０年４月に開催された第1回相談会から取り組むことができ、２０２２年12月までの全17回の相談会を実施し、合計９８５件の相談に対応してきた。

相談会は、単一協議会から会館理用の協力を得て労働会館で行い、１回目の相談会の時に今後も当分は相談会が継続されることを想定し、愛労連の電話回線を相談会場となる会議室に延長できるようにしたことから、電話に関わる工事などは不要となり、２回目以降は相談員の昼食以外は経費をかけずに実施できるようにした。

（２）相談員の確保

相談員の確保のため、毎回の相談会ごとに愛知県弁護士会に要請を出し、弁護士会としての協力を得てきた。弁護士会が名前を連ねることで社会的な信頼も高まるし、多くの弁護士が相談員として協力してくれた。私たち労働組合が日頃お付き合いする労働弁護士だけでなく、団体交渉や裁判のときに使用者側におられる方たちと和気あいあいと相談活動ができたのは貴重な機会となった。

また、今回の相談会では、多くの社会保険労務士の方たちにもご協力いただけた。社労士どうしのつながりで輪が広がっていった。

愛労連からは、ケースワーカーや保健師を始め、医療・介護・税務・労働相談など各分野の専門家に協力をしてもらえるよう加盟組合に要請し相談にあたってきた。多くの協力を得ることができ、毎回30人前後の方たちに相談員として協力いただけた。

（３）相談会の周知のための工夫

相談会を開催するにあたっていちばんの悩みは、マスコミにいかに報道してもらうか、とりわけテレビ報道がないと電話がかかってこないということだった。愛知では継続的に取り上げてもらえるように、以下の工夫をしてきた。①相談会開催の案内を出す際には、寄せられている特徴的な相談内容を入れる。②相談会当日に取材に来てくれた記者には、相談会終了後に寄せられた全相談の概要と相談者の取材の可否をメールで報告する。③事前の相談会周知報道は、テレビと新聞だけではなくラジオ局を重視することだった。テレビ報道はお昼前後のニュースが主であり、午前中は思うように電話がかかってこない。しかし、相談会当日の朝にラジオでお知らせを流してくれると、開始時間の10時から電話がよく鳴った。お昼の放送のために取材に入っているテレビ局は10時からスタンバイし、電話機が鳴り受話器を取り上げる場面を撮影したいわけだが、受付開始と同時に着信があり本当に助かった。

また、ＴｗｉｔｔｅｒなどＳＮＳでの周知も努力した。事前の周知はもちろんのこと、受付が始まったら、会場の様子を写真や動画に撮り、相談概要などとともに流す努力も行ってきた。

（４）相談会を重ねる中での成果

愛労連は、この相談回と併せて名古屋中ハローワーク前でのアンケート活動に毎月1年半ほど取り組み、コロナ禍のもとで苦しむ労働者の実態とともに各種支援制度の不十分な点を明らかにしてきた。相談会で寄せられた事例と併せて記者会見を行うとともに、国や愛知県、名古屋市に対しての要請活動に取り組んできた。こうした取り組みが全国各地で行われ、新型コロナウイルス感染症対応休業支援金・給付金や小学校休校等対応助成金の個人申請に道を開くとともに、各種制度の延長・拡充などにつなげてきた。

（５）今後の取り組みにつながる

愛知実行委員会では、２０２３年2月18日にまとめの会を開催した。この会には、実行委員会の構成団体だけでなく、17回の相談会に相談員として参加してきた組合員や社労士など15人に参加いただき、約3年にわたる相談活動を振り返った。

参加者からは、「自分たちが持っている情報や法的な知識、制度を知らせることで困っている方たちの役に立てたのは嬉しかった」「寄せられる相談には困難な事例もあったが、様々な分野から集まった相談員が知恵を出し合ってきたことはすばらしい」「公務の現場は、業務が次々と民営化・委託化されており市民の暮らしの実態がつかみにくくなっている。相談会に参加することで実態をリアルに知ることもできた」「相談員として2か月に一度、定期的に集まり親交を深めることができた。このままつながりが切れてしまうのはもったいない」などの感想が出された。そうした矢先に、新たに「いのちと暮らしを守る　なんでも相談会」の呼びかけがなされ、このまとめの会で協力を呼びかけたところ、みなさん快く相談員を引き受けていただいた。

マスク着用が個人の判断とされ、5月8日から新型コロナ感染症が現在の2類相当から5類へ引き下げられ、様々な支援策が終了するにもかかわらず生活に困窮している人は多く、物価急騰や特例貸し付けの償還開始等が追い打ちをかけ、日々の食事にも事欠く人が続出するなど、深刻な状況が続いている。

こうしたもとで、新たな「いのちと暮らしを守る　なんでも相談会」が実施されることは大きな意義がある。愛知でも、さらに支援の輪を広げ、電話相談だけでなく相談会場でのリアル相談や食料配布も実施して、苦難を抱える人々の支えになっていきたいと思う。

4　北九州での「なんでも相談会」の取り組み

岡本政昭（北九州市社保協）

（1）17回すべてに参加

北九州市社会保障推進協議会（北九社保協）は、「コロナ災害を乗り越える　いのちと暮らしを守る　なんでも電話相談会」について、２０２０年4月18日（土）、19日（日）の最初の相談会から２０２３年12月17日（土）の最後の相談会までの全部に参加した。

北九州市では２００５～２００７年にかけて生活保護から排除された市民の死亡が続いた。２００７年に亡くなった方は「おにぎり食べたい」のメモを残していた。北九社保協では、これ以上の犠牲者を出さないために、２００６年から毎奇数月に「生活保護１１０番」を続けていた。

そのため、「なんでも電話相談会」の提案があったとき、参加以外の選択はなかった。ただ、その後、偶数月は「なんでも電話相談会」、奇数月は「生活保護１１０番」が3年続いた。「なんでも電話相談会」終了後も、２か月に1度の「生活保護１１０番」は、今も続けている。

「生活保護１１０番」の時は、生活保護に関する知識だけで対応できたが、「なんでも電話相談会」では広い分野の相談が予想されたので、弁護士・司法書士・社会福祉士・生健会・民商・民医連・労組組織など社保協加盟の各団体から相談員を出してもらった。また、電話相談を受ける会場でも、徹底した感染対策をしなければならなかった。冬でも窓を開け放して、相談員には寒い中での電話受けをしてもらった。

(2) 切実な相談が殺到した第1回

第1回目は、マスコミの関心も高く、新聞、テレビなど8社から取材が入った。準備した4回線の電話は終日鳴り続け、2日間で245件の相談が寄せられ、事態の緊急性・急迫性を目の当たりすることとなった。

この時は、国民一人あたり10万円の特別給付金について多くの相談や質問が寄せられた。特に生活保護利用者からは「自分たちには支給されるのか?もらっても収入認定にはならないのか?」などの不安の声が聞かれた。また、外出自粛と休業要請の影響で「売り上げが激減。家賃や光熱費を払うと店の営業が続けられない」といった自営業者や個人事業主に加え、フリーランスの方から「仕事が全てキャンセルになり収入がゼロになった。この先どうやって生活していったらいいかわからない」といった切実な相談が多かったのが特徴的で、やはり自粛や休業要請と補償はセットで行われるべきだと実感した。その他、健康問題やDV・モラハラ、風評被害といった相談もあった。

この時は、九州・沖縄ブロックでは北九州と鹿児島のみの対応だったため、他県からも多くの相談がきた。熊本からは「震災後、やっと生活の目途が立ったのに今度はコロナウイルスで仕事と収入が減りダブルパンチ。どうしたらいいものか」との切迫した相談も寄せられ、すぐにでも対応が必要との判断から地元地域での支援者につなぐこともあった。

(3) 夜間など相談体制の強化

当初より全国では10~22時まで対応する地域もあったが、北九州では10~17時の相談体制で取り組みをスタートした。しかし、毎回の「相談会」前に行われる事前説明会で、17時以降は実施する地域が少ないため、相談電話を受けきれていないことが報告されたので、第8回からは北九州でも時間を延長して20時まで受けることとした。

さらに、昼のニュース報道が流れると電話が殺到しすぐに電話回線が埋まる状況もあったので、会場とは別に有志の個人宅でも件数の増える時間帯限定で相談電話を受けてもらうなどの工夫も行った。

（4）深刻化する相談内容

「なんでも電話相談会」は、回を重ねる毎に相談件数は少なくなったが、内容は深刻化していると感じた。解雇や雇止めで仕事や住居を失う非正規労働者や女性の困窮者に加え、「給付金や貸付、各種減免制度も利用しているがそれでも生活がままならない」「仕事がストップし自宅待機に。収入が無くなり、貯蓄を取り崩しながら生活しているがそれも底をついた」「会社がコロナで赤字。使える制度は活用したが、一向に好転せず。このままでは破産」といった窮状の訴えが続いた。

相談された方には可能な限り「国のコロナ施策への評価と要望」の聞き取りをしたが、「対応が後手後手。わかりやすい施策をスピーディーに。もっと国民に目を向け、税金の使い道を考えてほしい」など今の政府に対する不満が大多数を占めていた。「リーダーシップのとれない首相は要らない。ここまできたら政権交代しかない！」と言い放った方もいた。

新型コロナによる影響は、命や健康、生活を始め多岐にわたり、私たちの日常を一変させた。コロナパンデミックに対して、国がやるべきことは、コロナ対策に十分な予算をとり、正しい使い道で支援をさらに充実させ、的確に迅速に継続すること、さらには、感染拡大の防止と医療崩壊を食い止めることであった。それにもかかわらず不十分な対応に終始したため、数多くの国民が苦しむこととなった。

相談会を通して、新型コロナ問題で露呈した日本の社会保障の脆弱さの克服に向けた運動の必要性とともに、まだまだ潜在する多くの様々な生活困窮者への支援活動の継続の必要性を強く感じている。

「コロナ災害を乗り越える　いのちと暮らしを守る　なんでも電話相談会」は、北九社保協にとっても有意義な取り組みとなった。この経験を、今後の活動で生かしていきたい。

【コラム6】相談にあたる人員体制の脆弱さを改善し、支援の拡充を

小久保哲郎（弁護士）

1 相談体制の現状と課題

コロナ禍では、ハローワークだけでなく、保健所、生活困窮者自立支援や社協の相談窓口に相談者が殺到し、相談ニーズに対応しきれない状況が頻発した。「官から民へ」をかけ声とし「小さな政府」を志向する新自由主義路線によって、公務員数の削減や外部委託・非正規化が推し進められた。その結果、市民の生活を守るべき国や自治体の最前線にある窓口の人員体制や専門性は崩壊の危機にあり、相談にあたる職員自身が不安定で低賃金の「官製ワーキングプア」であることもまったく珍しいことではなくなってしまっている。

ここでは、大阪弁護士会が２０２０年６月下旬から、大阪府内28自治体の生活困窮者自立支援窓口への文書照会の結果と相談員１００名を対象に行ったオンラインアンケートに寄せられた声を紹介したい。限られた調査対象ではあるが、自治体における対人支援の相談窓口に共通する課題が如実に表れていると考えるからである[1]。

当時、大阪府内の困窮者支援窓口では、先に述べた住居確保給付金の支給要件の緩和に伴い相談が殺到していた。２０２０年度の住居確保給付金の申請件数を月平均で前年度と比較すると、回答のあった大阪府内の28自治体平均では１００倍、政令市平均では２５５倍と特に都市部での増加が顕著であった。

2 「相談崩壊」の危機

日本版バーンアウト（燃え尽き症候群）尺度の10の問いについて、「あてはまる」と答えた相談支援員の割合は、「１日の仕事が終わると『やっと終わった』と感じることがある」（80％）、「仕事のために心にゆとりがなく

なったと感じることがある」(70%)、「体も気持ちも疲れ果てたと思うことがある」(75%)といった項目の該当者の割合が高く、10項目中7項目以上の該当者も3割近く(28%)を占め、「緊急事態宣言後、仕事を辞めようと思ったことはありますか」という質問に対して、「ある」と答えた方は43%に上った。

自由記述欄でも、相談件数が激増する一方、複雑な制度の運用による相談者の苦情を最前線で受け止めざるを得ず、疲弊し切っているようすがうかがえた。

3　職員(特に非正規職)の賃金等の待遇格差

平均月給(手取額)20万円未満が、相談員全体でも50%に及び、受託事業者・非正規では71%、自治体・非正規では80%に達していた。平均月給(手取額)は、相談員全体でも約19・6万円と20万円を下回っているが、受託事業者・非正規は約17・8万円、自治体・非正規は約16・1万円と、非正規(特に自治体)の待遇の悪さが目立った。

これを反映して、「待遇(賃金、労働条件等)が仕事の内容に見合っていない」と答えた方は、全体でも46%に及ぶが、受託事業者・非正規では55%、自治体・非正規では60%に達した。

自由記述欄でも、業務量と精神的負担度に応じて賃金の増額を求める声が非常に強く、非正規職員の方からは、正規職員との待遇の格差を解消し、同一労働同一賃金を求める切実な声や、正規職へのステップアップの仕組みを求める声が聴かれた。

まさしく「官製ワーキングプア」というべき状況であり、その解消が急務である。

4　公的責任のもと、寄り添い型相談体制を拡充する必要性

今後も、大規模災害や感染症によるパンデミックなど、同様の状況が繰り返し起きることが想定されることからすれば、窓口に相談者が押し寄せてからではなく、長期的視野に立って、平時から公的責任のもと、相談体制

を確立しておく必要がある。

そのため、相談ニーズに対応できる人員の確保が必要なことは当然である。生活保護、生活困窮相談、社会福祉協議会等の相談窓口において、アウトリーチ機能を強化し、個別の事情に応じた寄り添い型相談支援体制を強化するべきである。

そして、困窮者支援には高度の専門性も要求されるため、単に増員するだけでなく、社会福祉士等の有資格者や福祉職経験者等の相談スキルのある職員の確保が可能となるような「待遇の改善」や、同時に研修制度の充実や経験豊富な相談支援員によるスーパーバイズの体制整備なども必要である。専門性のある正規職を直接雇用することによって待遇を保障する必要がある。

待遇の劣悪な非正規雇用の「官製ワーキングプア」が、困窮者相談の最前線を担っているというブラックジョークのような状況の改善が切実に望まれている。

注

1　大阪弁護士会は、２０２０年９月10日付けで「生活困窮者自立相談支援窓口の職員体制の改善と住居確保給付金の抜本的な要件緩和等を求める要望書」を公表し、その内容は、同年９月９日、ＮＨＫクローズアップ現代「身近に迫る住居喪失クライシス」でも取り上げられた。要望書と調査結果の詳細は同会ＨＰを参照。

第10章

支えのない分断社会の構造を転換し、地域から社会を築き直す取り組み

猪股 正（弁護士）

これまで、労働、生活、住宅、年金、女性・シングルマザー、相談体制などに焦点をあてて、3年近くに及ぶ電話相談で浮き彫りになった課題や政府の対応の問題点などをみてきた。

ここでは、これら個別分野で見えた課題を俯瞰し、こうした問題を生じさせている日本社会の構造的問題について考える。

貧困や格差を拡大させる社会構造がコロナ禍前から顕在化していたこと、にもかかわらず、是正されないままコロナ禍となったこと、コロナ禍での政府の対応は、構造的問題を是正するものではなく、コロナ禍に対応した臨時的・一時的な特例的な対応にとどまり多くの問題があったことなどを振り返る。

その上で、同じ過ちを繰り返さないようにするためにはどうしたらいいのか、未来に向けて、私たち一人ひとりにできることは何なのかについて考えてみたい。

1　電話相談でも浮き彫りになった日本社会の構造的問題

（1）支えのない社会構造

労働の分野では、非正規雇用や、「雇用によらない働き方」であるフリーランス・自営業者などが、コロナ禍

で真っ先に打撃を受け、解雇・雇止め等により仕事を失い、あるいは、休業へと追い込まれた。

失業時や休業時に所得を保障する失業給付や休業補償は、必要なときに受けられず、受けられても低すぎる金額ゆえに生活できないなど、十分に機能しなかった。フリーランス・自営業者に至っては、そもそも、こうした所得保障制度が欠如しているため路頭に迷うことになった。失業して、ハローワークに繰り返し通っても仕事が見付からず、長い間、失業から抜け出せない人が相次いだ。

家賃の負担に耐えられず、住居喪失の不安を訴える人が多かった。

低年金、無年金で年金だけでは生活できない高齢者からの相談が累々と続いた。女性は、男性に比べ非正規雇用が多く賃金が低い状態に置かれてきたことなどから、一層大きな打撃を受け、自殺者増など深刻な様相を呈した。また、教育費負担のために食費を削るしかないシングルマザーからの悲鳴が続いた。

そして、人々の生活といのちを守る最後のセーフティネットであるはずの生活保護制度は、強い忌避感、水際作戦などが原因となって、コロナ禍にあっても利用が伸びず、十分機能しなかった。

ここに見えるのは、不安定な働き方が蔓延し、災害や不況が来れば容易く収入の減少・喪失に陥る人が多く、セーフティネットが穴だらけで、一気に生活破綻に陥り、そこから抜け出すのが難しいという、この国の支えのない社会構造だ。

(2) 分断社会

「子どもばかりを優遇するのはおかしい」「なんで飲食店だけ支援するのか」。

電話相談会では、政府の施策について、こうした不公平感を訴える声が、最後まで続いた。

コロナ禍における政府の支援策は、10万円の特別定額給付金を除き、子育て世帯や住民税非課税世帯など、一部の低所得層などを選別して現金を給付するものだった。

自分も苦しいのに、なぜ、「子どもだけ」「住民税非課税世帯だけ」「飲食店だけ」を支援するのか、果ては、「ウクライナの人に現金を給付して自分たちには何もないのはおかしい」（2022.4）など、一部の者だけが優遇されることへの非難、社会的弱者への冷淡さ、他者への不寛容、世代間・階層間で対立し分断し合うという、この国の分断社会の悲しい構造もあらためて浮き彫りになった。

・**「子どもばかり優遇」**

◆子どもばかり優遇している。（2021.6）

◆今度の給付はまったく不公平。なぜ18歳未満の子どもだけなのか納得がいかない。（2021.12）

◆80代女性。政府は高齢者のことを考えてほしい。子どものことばかり。（2021.12）

◆子育て世帯以外の困窮した独身女性への救済策が欲しい。（2022.2）

◆50代女性。母子家庭等に10万円給付するのはおかしい。（2022.2）

・**世代間対立**

◆現役世代への支援が少なすぎる。（2021.8）

◆消費税の負担は老人に。公務員の給料を減らせ。（2022.2）

◆シングルマザーは多少保護を受けられるが、高齢者は何の保護もないので困っている。（2022.8）

・**「住民税非課税世帯だけはおかしい」**

◆課税世帯も困窮。非課税世帯だけ給付金をもらうのはおかしい。（2022.2）

◆子育て世帯、住民税非課税世帯以外の支援を充実してほしい。（2022.12）

・**「飲食店ばかり優遇」**
◆飲食店の支援はあるがタクシードライバーはない。(2021.6)
◆飲食店ばかり支援。貸店舗で生活している人も支援してほしい。(2021.6)
◆女性、飲食店以外にも給付してほしい。(2021.8)
◆飲食店ばかりが優遇。(2022.4)

2 政策により作られてきた不幸を生み出す社会構造

このような支えがない社会構造は自然にできたわけではない。日本では、構造改革政策の名のもとに、労働分野では、規制緩和により「雇用の調整弁」である非正規雇用への置き換えが進められた。社会保障分野では、削減や自己負担増が進められ、税制では、大企業や富裕層の減税政策が進められた。構造改革政策は、自己責任、市場原理、規制緩和、小さな政府・民営化などを重視する新自由主義を推進するものだ。新自由主義は、今や世界を席巻し、グローバル化した世界経済の中で、食糧、エネルギー、医療・介護、保育・教育といった人間の生存に必要不可欠なものまで市場原理に取り込み、競争を一層強化し、弱肉強食の社会を作り、強い者がより豊かになり、中流層が減少し低所得層が拡大した。支えのない社会構造は、構造改革の名のもとに、新自由主義政策を推し進めてきた政府の政策の結果だ。

こうして、自己責任と厳しい競争にさらされ、働いても生活は苦しく、生きづらさを抱える人が社会に蔓延した。人々の生活を支える役割を果たす社会保障制度は、所得制限などによって、「本当に困った人」だけを選び出して給付の対象とするという「選別主義」になっている。自己責任の呪縛と苦しいのに社会保障で支えられていない自分。他者と比較し、「なぜあの人たちだけが優遇されるのか」という感情が作られていく。対象となる人とならない人との間に分断や対立を生じさせ、互いに支え合うという市民の連帯が破壊される。生活保護バッシングや、電話相談に寄せられた「子どもばかりを優遇するのはおかしい」といった声のように、他者への不寛容や妬み・そねみの感情が広がっている。後でも述べるが、他者への不寛容は、日本は世界一のレベルになっている。そして、「生活保護だけは死んでも受けたくない」という生活保護に対する強い忌避感は、自分が困窮者として「選別」されることへの恥の意識や、他者から蔑まれ、叩かれることへの恐れと結びついている。

このような不幸を生み出す社会のあり方をそのままにしていいはずがない。

3 コロナ禍前から顕在化していた構造的問題と、2つの社会危機

大事なことは、このような社会構造は、コロナ禍前から政策によって作られており、そして、コロナ禍前から問題はすでに深刻な形で顕在化していたということだ。

それは、政府の政策の結果なのだから、もっと前に、誤った政策の是正、転換がなされなければならなかった。そして、コロナ禍前から、見直しの機会はあった。中でも、社会を大きく揺るがした2つの社会危機が、もはや待ったなしの状態であることを事実として突きつけた。

2000年代以降、その最初の大きな機会は、2008年のリーマンショックだった。派遣切りの嵐が吹き荒れ、非正規雇用が、「雇用の調整弁」としていとも簡単に切り捨てられ、仕事と住まいを同時に失う人が続出した。その惨状は派遣村の取り組みなどを通じて全国に可視化され、大きな社会問題となった。「雇用によらない働き方」も、失業給付の受給者が失業者中の2割程度でしかないなどの失業給付の機能不全も、高齢者の低年金・無年金も、貧弱な住宅政策、教育費負担、シングルマザーの窮状、生活保護の忌避感や水際作戦なども、す

でに当時から問題となっていた。

次の大きな機会は、2011年の東日本大震災・福島第一原発事故だった。故郷の住まいを追われ、仕事も収入も失った人が極めて不安定な生活を余儀なくされ、所得保障制度、住宅政策、積極的労働市場政策（失業者を労働市場に復帰できるようにするための政策）などの脆弱性があらためて浮き彫りになった。賠償金を取得した人たちは、「働かずにお金をもらって、いい身分だ」と理不尽にもバッシングされた。[1]

国際比較でも、貧困と格差の是正のために重要な「税と社会保障による所得再分配機能」はOECD加盟国中最低レベルであり、[2]教育機関に対する公的支出の対GDP比も、同様に、OECD加盟国中最低レベルだ。[3]家族、積極的労働市場政策、失業、住宅の各分野への財政支出も、主要国と比較して明らかに小さい。[4]こうした指標も、以前から、この国の構造的な問題を物語っていた。

しかし、残念ながら、国の政策において、これらの2つの社会危機の教訓は活かされなかった。むしろ、「ショック・ドクトリン」[5]として指摘されるように、新自由主義政策は、転換されるどころか惨事に便乗して強化されてきた面があり、自己責任、市場原理、規制緩和、小さな政府・民営化などを強調する流れは変わらず、支えのない、分断社会の構造が続いた。

4　パンデミックの到来と繰り返された惨状

そして、コロナウイルス・パンデミックとなった。

経済活動が優先され、世界各地で生態系の破壊が進み、野生生物の生息領域に人類が踏み込んだことによって新たなウイルスの多発を招来した。グローバル化が進展した社会で、パンデミックは、国境を越えて拡大し、新自由主義政策で、保健所や公立・公的病院の削減が進んで感染症への対応力が低下した日本社会を襲った。

そして、また、同じ惨状が繰り返された。コロナ禍の影響は、非正規雇用、フリーランス、女性、高齢者を始め、政府の政策によって格差の下層へと追いやられた脆弱な人々に、真っ先に深刻な打撃を与え、電話相談に、悲鳴のような相談が殺到することとなった。

5 コロナ禍での政府の臨時的・一時的な特例的対応の問題点・限界

この予見されていた状況に対し、政府は、コロナ禍に至っても、貧困や格差を拡大させてきた構造的問題の見直しをしなかった。そして、平時の制度にはなるべく手を付けず、コロナ禍をやり過ごすために、特例貸付、住居確保給付金の要件緩和、休業支援金・給付金の創設、雇用調整助成金の特例措置など、コロナ禍という特殊な状況に対応するための臨時的・一時的な支援制度で対応する方針に終始した。

このような「その場しのぎ」の対応の問題点や限界が、電話相談に寄せられた声にも現れている。

(1) 後手後手の場当たり的対応

政府の対応は後手後手であり、状況の深刻化に追いつかず、急ごしらえの対応に事態は混乱し、多くの人が危機に陥った。コラム6で「相談崩壊」の危機について述べたとおり、特例貸付や住居確保給付金に申請が殺到し、手続の遅れ、窓口の職員の疲弊や相談機能の停止等の問題が生じた。

例えば、緊急的・臨時的措置として、10万円の特別定額給付金や事業者向けの持続化給付金の支給が決定されたが、申請受付が始まったのは、2020年5月以降であり、特別定額給付金が届いたのはようやく6~7月になってからだった。明らかに遅く、必要なときに必要な人に届かなかった。

特に、2020年の4月の相談会では、政府の対応が遅く、後手後手でスピード感がない、申請書類も給付金もなかなか届かないという相談が多数寄せられた。

同じ時期、ドイツでは、いち早く既存の生活保護制度の要件を大幅に緩和し、担当大臣が「誰一人として、最低生活以下に陥ることがあってはならない」と基本姿勢を明確にするなど、政府の積極的対応により、4月には生活保護の申請が急増し、多くの人々の生活を支えていたのとは対照的だ（第4章1（3）参照）。

> ◆ローンが多額にあるがコロナで減給になり、給付金を早く欲しい。(2020.4)
> ◆後手後手でだめ。(2020.4)
> ◆スピード感がない。危機管理能力がない。(2020.4)
> ◆30代。コロナの影響が長期に及ぶ可能性を視野に早めに準備してほしい。(2020.4)

6月〜8月になっても同様の相談が続いた。

> ◆年金生活者。市から特別定額給付金の通知がまだ来ない。いつ来るのか。(2020.6)
> ◆持続化給付金の申請をしたが、1か月経っても入金されないので不安。(2020.6)
> ◆特別定額給付金の申請書がまだ届かない。いつ届くか？(2020.6)
> ◆無職。生活が大変。仕事がない。10万円もマスクも届かない。助かる方法はないか。(2020.6)
> ◆特別定額給付金がまだ支給されない。コールセンターにかけてもつながらず、5分経てば自動的に切れてしまう。(2020.8)
> ◆休業支援金は学生には申請の仕方がわからずハードルが高い。学生への支援金も申請から1か月経っても何の音沙汰もない。(2020.8)

（2）申請手続の負担、情報が届かない

申請手続の負担、手続のわかりにくさ、周知不足などによって、必要な人に必要な支援が届かない状況が生まれた。事前の備えがなく、慌てて制度を用意し、「申請」を要件としたことの問題である。

◆お金を出すのはよいが、申請手続が大変。（2020.4）
◆持続化給付金のホームページがわかりにくい。とにかく申請がややこしいので簡単にしてほしい。（2020.6）
◆手続が煩雑でわかりにくい。一般人にわかりやすくしてほしい。（2020.6）
◆制度がわかりづらい。どうすれば利用できるのか、よく説明してほしい。（2020.6）
◆制度の周知について、もっとわかりやすく、スピード感をもって対応してほしい。（2020.6）
◆持続化給付金の申請時の書類の入力の簡素化を求める。（2020.6）

（3）特に、高齢者や弱者・少数者に届きにくい情報

特に、インターネットの利用が困難な人、高齢者などの弱者・少数者に、支援制度の情報が届きにくく、申請手続から疎外されやすいことも明らかとなった。

◆50代女性、単身、個人事業主。スナック経営だがコロナで収入がなくなった。インターネット環境がなく、情報が手に入らない。（2020.6）
◆スマホが使えない人にも情報提供をしてほしい。（2020.8）
◆パソコンがないので申請の方法がわからない。（2020.8）
◆60代、個人で物品販売の仕事。5月は営業先が休業で売上減少。持続化給付金を申請したいが、高齢で、パソコン

での申請はわからない。(2020.6)
◆もう少し手続をわかりやすく、スピーディーにしてほしい。横文字も多いし、インターネットも使えないので、高齢者にはわかりにくい。(2020.6)
◆各種手続がわかりにくい。高齢者はコピーするのも大変。もっとわかりやすく説明してほしい。手続を簡略化してほしい。(2020.6)
◆高齢者にわかりやすい申請方法を。(2020.6)

(4) 世帯単位の給付

政府は、特別定額給付金などの支援金を、住民登録のある世帯を単位に給付した。そのため、住民登録のないホームレスの人には届かないという問題が生じた。また、DVから避難している人やその同伴者などには、一定の要件を満たす場合に避難先自治体から支給するなどの対応がなされることになったが混乱が生じ、避難できていない者には届かないなど、必要なときに必要な人に届かなかった。

◆夫からのDVで逃げ別の場所で生活している。今回の10万円の給付金が住民票上の世帯主である夫のところに行ってしまう可能性があるがどうすればいいか。(2020.4)
◆夫と離婚協議中であるが、10万円が全て夫に支払われると困る。(2020.4)
◆自分の住民票は消除されている。10万円の給付金を受けるにはどうしたらよいか。(2020.6)

(5) 支援制度のつぎはぎ・わかりにくさ、先細り、終了

コロナ禍は、感染者の増加、減少の波を繰り返し、長期化していった。

政府は、長期化に伴い、特例的な対応の受付期間や支給期間等の「延長」、「再貸付」や「再支給」、あるいは、事業者向けの一時支援金や子育て世帯向けの生活支援特別給付金の新設等によって対応した。こうして、支援制度が、一部延長され、つぎはぎされ、それに伴い、要件も変更されるなどしたため、市民にとって、支援制度がわかりにくく、利用しづらいという状況が生まれた。

そして、コロナ禍がさらに長期化していくと、支援制度は先細りし、利用可能な支援制度がなくなって追い詰められているとの相談が増えていった。

◆50代男性、2人世帯。2020年10月まで製造業の仕事をしていたが、その後無職。失業給付は終わり、特例貸付も借り切った。（2021.12）

◆女性。派遣でコールセンター業務をしていた。業務縮小で3週間前に急に言われて失業。緊急小口・総合支援資金は枠一杯借りた。住居確保給付金も利用。このままだと1月の収入がゼロになってしまう。（2021.12）

◆50代男性、単身。半年前にコロナで失職。日払いの仕事などでつないできた。特例貸付は、11月末の15万円を最後に終了する。求職活動をしているが、仕事が見つからない。（2021.12）

◆40代女性、単身。コロナ禍で時短を告げられ、2020年10月末に解雇。住居確保給付金と特例貸付でつなぎ、2021年11月末に再貸付を受けて終了。住居確保給付金はあと3か月で終わる。大家から7月以降、立退きを求められている。（2021.12）

◆50代単身女性。2020年失業し、しばらく失業保険を受給していたが、2021年6月から無収入。緊急小口資金、総合支援資金を借り、現在は住居確保給付金と生活困窮者自立支援金（月6万円）で暮らしているが、それが切れたらどうしたらいいか不安で眠れない。（2022.2）

(6) 低所得・所持金の枯渇状態の持続、追い打ちをかけた物価高騰

第2章で述べたように、電話相談では、低所得、所持金が枯渇している人が増加し、高止まり状態が続いた。月収10万円以下の人は、2020年4月には55%であったが、2021年12月には76・1%となり、最終回の2022年12月に至っても70・2%であり、高止まり状態が続いた。所持金が1万円以下の人は、2020年6月には18・5%であったが、2021年8月には43・6%となり、2022年12月には48%となり、所持金が枯渇している人が多い状態が最後まで続いた。

定額給付金・持続化給付金などは1回限りの支給で終わった。継続性のない臨時的・一時的な現金給付の支援策では、低所得で貯えのない状態から抜け出すことが難しいという状況を物語っている。その上、物価高騰など、生活状況を悪化させる他の要因が加わると、生活破綻へと追い込まれやすい。

◆80代男性、単身。年金収入月額12万5000円で、物価も上がり、生活が苦しい。苦しい生活を理解してほしい。(2022.6)
◆50代女性、単身。収入は障害年金月9万5000円。持ち家だが、玉ねぎが1個170円もするなど、物価高騰で生活が苦しい。(2022.6)
◆70代女性、単身。9年前に夫を亡くした。持ち家だが、年金月額9万円しかなく、物価が高騰し、医療費の負担もあり、リフォームしたくてもお金が足りない。生きていても何も楽しいことがない。(2022.10)
◆70代男性。年金と月5~6万円の家賃収入で暮らしている。預貯金もない。電気代が月4000円上がるなど物価が上がって困っている。(2022.12)

(7) 長期化に伴う問題の複合化に対応できなかった臨時的・一時的な現金給付

コロナ禍が長期化して、失業や低収入の状況が長引く中、家賃、ローン、電気代などの支払いが困難になるといった債務問題、介護や離婚などの家庭内の問題、体調不良、医療未受診、孤立感・死にたい気持（メンタル不全）といった健康問題など、問題が波及し、複数の問題が複合化し深刻化した。ここでも、現金給付を中心とする臨時的・一時的な支援策だけでは対応が困難であることが浮き彫りになった。

◆男性、単身。コロナで派遣の仕事が減少。特例貸付を利用してきたが、家賃を3、4か月滞納して困っている。電話も今月末で使えなくなる。(2021.12)

◆タクシー運転手の男性。コロナで給与収入が減少し、緊急小口資金と総合支援金を目一杯借りた。クレジットカードも使用し現在、任意整理の手続中。現在の収入は23万ぐらいで、クレジットの返済だけでも10万円あるため、この上、社会福祉協議会への返済が始まるとムリになってしまう。(2022.4)

◆60代男性。製紙会社に長年勤めていたが、2021年5月、コロナの影響で廃業。もう使える制度がない。ハローワークに通い続けているが、本当になかなか見つからない。預金もゼロになり、来月の住宅ローンが支払えない。(2022.6)

◆50代男性、単身。ホテル関係の仕事をしていたがコロナで失職。就職活動するも見つからない。10月に入院手術。貯金を取り崩して生活してきたが、それも尽きそう。電気もブレーカーも止めて節約している。(2022.12)

◆50代女性。コロナ感染や母の介護で退職して無職になり生活ができない。持ち家で固定資産税が払えないし、母の医療費が月1万円以上かかる。お金のことを考えると自分は病院にもかかれない。(2022.12)

◆70代男性、無職。2年前にコロナになって仕事を辞めた。長いコードを買ってきて自殺を考えてしまう。(2022.12)

(8) 巨額の予算とその使途の問題

政府は、コロナの流行が本格化した２０２０年度、３度の補正予算を組み、その総額は77兆円に及んだ。東日本大震災の復興予算の総額が10年あまりで約32兆円であるが、その倍以上の規模だ。このうち、10万円の特別定額給付金が13兆円、持続化給付金、雇用調整助成金等の所得保障が17兆円に及ぶ。[6,7]

例えば、特別定額給付金については、年末調整等により給付後に返還を受けるなどの調整もないまま、富裕層なども含めて一律に定額の「現金給付」をする合理性があったのか、持続化給付金については、従業員の有無や家賃等の固定費の多寡にかかわらず一律１００万円から２００万円を給付するという制度の公平性や合理性の問題、給付金を支給するための事業委託のあり方や委託費の大きさなど、様々な問題点が指摘された。

(9) 検証がない

このような様々な問題があるにもかかわらず、コロナ禍における政府の政策について、第三者機関による検証は行われていない。例えば、スウェーデンにおいては、第1波が落ち着いた２０２０年6月30日、コロナ禍対策に関する検証委員会が発足した。法律、医療、介護、地方自治、政治学、倫理学、経済学、危機管理などの各分野の専門家8名の委員に加え、30名以上の研究分担者が協力し、統計局の協力を得て精力的にデータを収集し、感染拡大の経緯から諸政策の効果まで，幅広く検証することを目的とし、２０２０年11月および２０２１年10月に2回の中間報告を行い、最終報告も予定されている。[8,9,10]

日本でも、予算の問題も含め、早期に、データ収集、分析などを踏まえて施策の検証を行い、コロナ禍の長期化を想定したプランニングやポストコロナの政策に役立てるべきであったが、そのような検証作業は行われていない。

(10) 小括

このように、政府が行ったコロナ禍に対応した支援策は、特例的・臨時的に用意されるため、始動の遅れ、制度のわかりにくさや利用しづらさなどの問題が生じた。「現金給付」中心の一時的な施策であるため、コロナ禍の長期化による困窮状態の長期化や問題の複合化等への対応力の乏しさも浮き彫りになった。支えのない構造を放置したまま、困窮に陥る人を事後的に、臨時的・一時的な特例的な対応で支援しようとしてもうまくいかない。ディーセント・ワーク（働きがいのある人間らしい仕事）を整え、セーフティネットの穴を塞ぎ、困窮を生み出さないようにする事前の予防策が重要だ。

6 不幸を生み出す社会構造に終止符を打つ

私たちは、過去の歴史に学ぶことができる。

これまで述べてきたように、自己責任や市場の競争原理を重視した新自由主義の政策が進められ、選別主義的な社会保障制度と結びついて、支えのない分断社会の構造が作られた。この構造が、貧困と格差を拡大させ、生きづらさを蔓延させ、不幸を生み出し続けている。そして、リーマンショック、東日本大震災・原発事故に続き、3度目となるコロナパンデミックの惨状は、私たちに様々なことを教えてくれている。感染は連鎖し、私たちは利己的でも自己責任でも生きられない。「経済」に偏り人間と自然のバランスを壊してきたことがウイルスの多発を生んでいる。この社会は持続可能性の危機に直面している。今後も、気候変動に伴う豪雨災害、南海トラフ巨大地震、感染症の襲来などの社会危機が続くことは必至であり、もはや待ったなしの状態となっている。

今度こそ、平時の制度を抜本的に見直し、貧困と格差を拡大させる支えのない分断社会の構造に終止符を打つべきときだ。

大事なことは、誰もが人間らしく働き生活できること。権力を縛り、その濫用を防止する国の最高法規である憲法が規定する「個人の尊厳」が最大限に尊重され、かけがえのない一人一人に幸福を追求する権利が保障されなければならないということだ（憲法13条、25条）。

そのためには、自助・自立に偏重し、公的責任を縮小・後退させ、自己責任を求める新自由主義政策を転換し、第2部で述べた労働、生活、住宅、年金、女性・シングルマザーなどの各分野における平時の制度を抜本的に見直し、広範な分野で進む社会保障削減の流れを止める必要がある。岸田文雄首相は、自民党総裁選に立候補する際、「小泉改革以降の新自由主義的政策を転換する」と述べ「新自由主義からの脱却」を掲げた。しかし、新自由主義の弊害や問題点の検証もなく、自己責任等の理念の見直しもなく、「転換」や「脱却」は言葉だけに終わっている。むしろ、防衛予算の倍増により社会保障はこれまで以上に削り取られる可能性が高まっている。

分断や対立を生み、市民の連帯を喪失させる「選別主義」のあり方を変えていくことも必要だ。医療、介護、住宅、保育・教育など、誰もが生きていくために必要な基礎的なニーズについては、所得の多寡などによって対象者を選別せず、より広く普遍的に給付の対象とする「普遍主義」への転換を図り、中間層を含む多くの人の受益感を高めつつ、互いに租税を負担して支え合う連帯の社会を構築していく必要がある。こうしたニーズを充たすには、「現金給付」により市場からサービスを購入する方法では、市場価格によってはサービスを購入できず必要な社会サービスを受けられないなどニーズが充足されないので、「現物給付」（対人社会サービス）が重視されるべきだ。そして、現物給付の担い手として、住民に身近で、住民のニーズを的確に把握でき、また、住民にとっても受益のあり方が見えやすい地方自治体の役割が重要であり、そのあり方を地域からコントロールしていく住民の自治が重要だ。

7　普遍主義を実践している国の幸福度

「普遍主義」を実践し、地方自治体が「現物給付」を担っている国々の代表は北欧諸国である。国連の「世界幸福度報告書」２０２３年版によれば、世界１３７か国・地域のうち、幸福度ランキング1位は6年連続でフィンランド、2位はデンマーク、3位はアイスランド、4位はイスラエル、5位はオランダ、6位はスウェーデン、7位はノルウェー、8位はスイスであり、北欧5か国の全てが上位8位に入っている。

日本は47位だ。幸福度の判定に用いられている6つの指標をみると、日本は、社会的寛容さ１３５位（２０２2年は１４９か国・地域のうち１４５位）、人生の選択の自由度71位（同75位）、社会的支援36位（同48位）、社会の腐敗度29位（同29位）、一人当たりＧＤＰ29位（同29位）、健康寿命2位（同2位）となっている。

「普遍主義」を実践し、支出の大きな政府である北欧諸国は、幸福度が高く、ときに財政黒字さえ実現している。これに対し、「選別主義」をとり、極めて小さな政府である日本は、幸福度が低下し、財政赤字に苦しみ、他者に対する寛容度が世界最低になっているということに目を向け、他国に学ぶ必要がある。

8　繰り返される惨状をなくすために、私たちにできることはなんだろうか

私たちにできることはなんだろうか。

この国の政治には、電話相談に押し寄せる苦しく悲しい人々のリアルな声を受けとめる力がなく、現場感がない。岸田首相は「新自由主義からの脱却」と言ったが、人間のリアルな生活とは違う次元で言葉遊びをしているようだ。

私たちの力は、人と人とが地域でつながって相談や支援の現場に立ち、目の前の人の苦しみや悲しみとつながり、力を与えられているところにあると思う。新自由主義はグローバルに展開し、国の政策として上から降りてくる。上から押し付けてくる力に対しては、ローカルに、地域から、下からの力で対抗し、それを人から人へ、地域から地域へつなげていくことが重要だ。

新自由主義の本質を見抜いてきた先人や今も奮闘する人の叡智が大切なことを教えてくれている。「社会的共通資本」「FEC」「ベーシック・サービス」「コモンズ」「ミュニシパリズム」。本質的に重要なことは共通していると思う。

(1)「社会的共通資本」「FEC」「ベーシック・サービス」「コモンズ」

新自由主義を先鋭化させた経済学者ミルトン・フリードマンの言説を市場原理主義と評し、その危険性を早くから指摘してきた経済学者の宇沢弘文さんは、人間が健康で文化的な生活を送るために市場原理に委ねてはならない「社会的共通資本」があり、これは生存権に関わる問題だとする。同じく新自由主義を徹底的に批判し続けてきた内橋克人さんは、F(食糧)、E(エネルギー)、C(ケア)は人間の生きる基本的条件であり、FECを市場原理に取り込まれないようにし、社会の連帯・参加・協働によって市民社会の制御の下に置く必要があり、そのために、地域を築き直すことが重要だとしている。[11][12] 井手英策さんやこの電話相談会の取り組みにも参加された高端正幸さんら財政社会学者は、人間が生きていく上で不可欠な基礎的サービスである「ベーシック・サービス」へのアクセスが保障されるべきだとし、現物給付、地域の自治や協働を重視し、弱者を生まない社会システムを提唱している。[13] 経済思想家の斎藤幸平さんは、貨幣経済の領域を縮小し、人々が様々な財やサービスを「コモンズ」として共同で管理しシェアする社会への転換が必要だとする。[14]

(2) ミュニシパリズム

ヨーロッパでは、新自由主義に対する戦略的な対抗手段として「ミュニシパリズム」が成長している。アムステルダムを本拠地とするシンクタンクで新自由主義に対抗する公共政策などに取り組んできた岸本聡子さんが、市民の直接的な政治参加、公共サービスの再公営化、地方公営企業の設立、公営住宅の拡大、地元産の再生可能エネルギーの促進などを進める、バルセロナなどヨーロッパの先駆的な取り組みを紹介しつつ、ミュニシパリズムを次のようにまとめている。

「国家主義や中央政府によって人種、公共財、民主主義が脅かされつつある今日、ミュニシパリズムは地域で住民が直接参加して合理的な未来を検討する実践によって、自由や市民権を公的空間に拡大しようとする運動だといえる」。

「具体的には、社会的権利、公共財（コモンズ）の保護、フェミニズム、反汚職、格差や不平等の是正、民主主義を共通の価値として、地域、自治、開放、市民主導、対等な関係性、市民の政治参加を尊重する。ミュニシパリズムは普通の人が地域政治に参画することで、市民として力を取り戻すことを求め、時にトップダウンの議会制民主主義に挑戦する。政治家に対しては、地域の集会の合意を下から上にあげていく役割を、100％の透明性をもって行うことを求める」[15]。

(3) 地域の中で、地域と地域のつながりで、足元から社会を築き直す取り組み

こうした新自由主義と闘う思想やミュニシパリズムの実践、そして、電話相談の現場での取り組みの実践の中に、大切なことがみえている。

グローバルにはローカルで、上からの力には下からの力で対抗する。私たちが生きる足元の地域から、人と人とがつながり、エネルギー自治の推進やケアを充実させる取り組みなどを共に実践する。こうした地域の人々の

連帯・参加・協働によって、市場原理に奪われつつある食料、エネルギー、医療・介護、保育・教育といった人間の生存に必要不可欠な財やサービスを、「社会的共通資本」「ベーシック・サービス」あるいは「コモンズ」として、市場から市民の手に取り戻し、共同で管理しシェアし、地域社会が真の意味で自立を取り戻せる方向へと地域社会を築き直す。

この電話相談の取り組みは、それぞれの地域の中で、労働、法律、医療、障害、教育などの問題に取り組む多様な人々がつながり、また、地域と地域が全国規模でつながった新自由主義に対抗する連帯・参加・協働の取り組みであり、ミュニシパリズムなどに学びながら、さらに拡げていくことが重要だと思う。

この電話相談の取り組みは、小さな取り組みかもしれない。地域からの市民による草の根の実践は、いつになれば実を結ぶのか、先の見えない不安に足をすくわれそうになることもあるかもしれない。それでも、地域の中で協働し、地域と地域が連帯することにより、得られるものは必ずある。人口の25%が支持すると、その社会改革は一気に進行するという。[16] 足元からの一歩ずつの積み重ねの先には大きな希望があると思う。

注

1 辻内琢也ほか編著（2022）『福島原発事故被災者 苦難と希望の人類学——分断と対立を乗り越えるために』明石書店
2 内閣府「経済財政白書（平成21年度版）」
3 OECD公財政教育支出（Public spending on education）2020
https://www.oecd.org/tokyo/statistics/public-spending-on-education-japanese-version.htm
4 国立社会保障・人口問題研究所「令和2（2020）年度 社会保障費用統計の概要」
5 ナオミ・クライン（2011）『ショック・ドクトリン——惨事便乗型資本主義の正体を暴く』岩波書店
6 会計検査院・令和2年度決算検査報告 https://report.jbaudit.go.jp/org/r02/2020-r02-0471-0.htm

7　ＮＨＫスペシャル「検証　コロナ予算77兆円」https://www3.nhk.or.jp/news/special/covid19-money/post/index06.html

8　厚生労働省「スウェーデンにおける新型コロナウイルス感染症の状況」https://www.mhlw.go.jp/wp/hakusyo/kaigai/22/dl/c4-18.pdf

9　奥山陽子（２０２２）「フィールド・アイ 行政データを駆使したコロナ禍検証（スウェーデンから①）」『日本労働研究雑誌』２０２２年1月号　https://www.jil.go.jp/institute/zassi/backnumber/2022/01/pdf/079-080.pdf

10　訓覇法子（２０２２）「脱真実の時代をどう生きるか――民主主義に徹するスウェーデン戦略と民主主義を侵食するハイテク巨人」『総合社会福祉研究』第52号

11　宇沢弘文（１９７４）『自動車の社会的費用』岩波新書

12　宇沢弘文・内橋克人（２００９）『始まっている未来　新しい経済学は可能か』岩波書店

13　井手英策（２０２１）『どうせ社会は変えられないなんてだれが言った？　――ベーシックサービスという革命』小学館；高端正幸・佐藤滋（２０２０）『財政学の扉をひらく』有斐閣；佐藤滋・古市将人（２０１４）『租税抵抗の財政学――信頼と合意に基づく社会へ』岩波書店

14　斎藤幸平（２０２０）『人新世の「資本論」』集英社新書

15　岸本聡子（２０２３）『地域主権という希望』大月書店：53頁

16　D.Noonan “The 25% Revolution- How Big Does a Minority Have to Be to Reshape Society?” June 8, 2018 https://www.scientificamerican.com/article/the-25-revolution-how-big-does-a-minority-have-to-be-to-reshape-society/

執筆者紹介（＊は編者、掲載順）

＊小久保 哲郎（はじめに／第4章／コラム６）
弁護士、生活保護問題対策全国会議事務局長

＊猪股 正（第１章／第10章）
弁護士、公正な税制を求める市民連絡会事務局長

雨宮 処凛（コラム１）
作家・活動家、反貧困ネットワーク世話人

福本 和可（第２章）
司法書士

濱田 恵美（仮名、コラム２）
一般社団法人シンママ大阪応援団

仲野 智（第３章）
全国労働組合総連合常任幹事

寺内 順子（第５章）
大阪社会保障推進協議会事務局長、一般社団法人シンママ大阪応援団代表理事

重永 雅代（仮名、コラム３）
一般社団法人シンママ大阪応援団

後藤 広史（第６章）
立教大学コミュニティ福祉学部教授

瀬戸 大作（コラム４）
一般社団法人反貧困ネットワーク事務局長

普門 大輔（第７章）
弁護士

佐々木 大志郎（コラム５）
一般社団法人つくろい東京ファンド新規事業部長、NPO法人トイミッケ代表理事

田中 武士（第８章）
三重短期大学生活科学科講師

町田 茂（第９章１）
反貧困ネットワークぐんま事務局、群馬県社会保障推進協議会事務局長

奥田 真帆（第９章２）
弁護士（立川アジール法律事務所）

竹内 創（第９章３）
愛知県労働組合総連合事務局長

岡本 政昭（第９章４）
北九州市社会保障推進協議会事務局長

コロナ禍3年　聴き続けた1万5000の声
――電話相談から始まる、未来を創る運動

2023年9月5日　初版第1刷発行

編　者　小久保哲郎
猪股 正
コロナ災害
なんでも電話相談会実行委員会
発行者　大 江 道 雅
発行所　株式会社 明石書店

〒101-0021　東京都千代田区外神田6-9-5
電　話　03（5818）1171
FAX　03（5818）1174
振　替　00100-7-24505
https://www.akashi.co.jp

組版　朝日メディアインターナショナル株式会社
装丁　金子 裕
印刷・製本　モリモト印刷株式会社

（定価はカバーに表示してあります）　ISBN978-4-7503-5641-9